勤式作法手引書

堤　楽祐　著

永田文昌堂

目次

目次

【おつとめの部】

【読　物　の　部】

目次

勤式作法手引書

【作 法 の 部】

鏧の打ち方

鏧については、『建法幢』には「我が国の仏教儀礼でも、鎌倉時代までは専ら磬が用いられた。椀《わん》の形をした鏧は、鎌倉時代以降、禅宗と共に輸入された」とあり、従ってその用途は磬と同じと考えられますが、『仏事の心得』には「磬は、最初中国では楽用として使われていたものが、後、仏教の誦経《じゅきょう》、梵唄《ぼんばい》などに用いられるようになりました。『真俗仏事編』に「仏前法用《ママ》の時、まず磬を鳴らすことは、本尊諸天を警覚するためなり云々《うんぬん》」とあるように、最初は警覚として用いられたものが、次第に勤式の中にとり入れられまして、ついに不可欠の仏具となったのであります」とあります。

鏧の打ち方として、最初に二声、中で一声、最後に三声打つのは、「正信偈」の場合などは「往生礼讃偈」によったとされます。

読経の場合の打ち方は、最初に二声打つのは、『建法幢』に「作相とは如来の入道場を象徴すると言われ、元来、作相とは打ち上げの部分だけを指したようである。打ち下ろしの部分は、単に二音などを丁寧に打ったものにすぎない」とあり、最初の二声は作相や緩急《かんきゅう》の簡略化したものと考えられます。

次に途中の一声は、『勤式作法の書』によれば、読経の際の各句のきりがね（中切磬）は「古例として、このキリガネの数は七声、五声、三声、一声とあって次のように打ち分けてられました。導師又は調声が、1．法主猊下《ほっすげいか》の場合は七声、2．連枝《れんし》の場合は五声、3．侍真以下の場合は三声、4．普通の場合一声」とあり、調声人の身分によって打数が異なっていたようで、現在は三部経などの場合は、そのきりがねとして三声であり、一般の読経では一声としたものでありましょう。

最後の三声についても、「「願以此功徳」以外の回向句、例えば「我施彼尊」や「其佛本願力」などを使う場合には、回向句の終りは、従来は二声でありました」とありますが、現在は三声で統一しています。

御転座《ごてんざ》の変遷と方法

御転座については、『本願寺風物誌』には「御正忌の十四日は蓮師の毎月の命日であるので、南脇壇の御双幅（歴代宗主の御影）を巻収めて、蓮師のみの御影がかけられ、祖師蓮師ともゞにこの梵筵に影向くだる御勝縁の日である。で、この朝ばかりは、門主も南に座を転じて出座されるので、「御転座」と言う。それで、この朝は南側が上席になるので登礼盤の作法も、いつもとは反対に、北側に着座して、北より進退をすることになっている。

さて、この御転座は、明治以前は御正忌が旧暦で十一月廿一日から始まっていたので、顕如宗主の祥忌である十一月廿四日に行なわれていた。即ち、「祖門旧事記」に左の如くある。

一、十一月二十四日信楽院殿忌

祖忌中故、不㆓別修㆒忌、唯掛㆓尊像於南脇㆒設㆓荘厳㆒、昨逮夜、今日中乱声中有㆓御焼香㆒、且遷㆓座於南㆒。

それで、蓮師の忌日である廿五日は祥月でないからであろうが、御転座のことはなかった。もっとも、例年は十一月であるが、御遠忌の場合は、三月に十昼夜勤まるのが例であったから、三月廿五日の蓮師の祥忌には御転座が行われていたようである。そこで、明治以降、新暦によって御正忌が勤まるようになり、顕如宗主の御転座がなくなったので、祥月ではないけれども、御遠忌の旧例によって、十四日の蓮師の忌日に、毎年、御転座が行われることになったものゝようである。これ、蓮師崇敬の思召から時の明如宗主が始められたものと思われる」とあります。

尚、顕如宗主の祥月命日は、旧暦では十一月二十四日であり、新暦では十二月二十七日（但し、本山では十一月二十七日に引上して御祥月法要を勤めます）で、蓮如宗主の祥月命日は、旧暦では三月二十五日であり、新暦では五月十四日であります。

又、『龍谷閑話』には、「十四日の晨朝は、昔から転座であるが、これは門主が蓮師の御影のある南脇壇に面して着座するために、南に転座するのであるから、門主は不参で新門のみ出座のときは、新門は定席に着座し、北に回ることは理論上あり得ないと思う。またこの転座の儀は、本山では、年中行事としてはこの十四日の晨朝のみであるが、二十二年（一八八九）に明如様が香川県に巡回されたとき、塩屋別院の法要において転座された記事がある。恐らくは、その法要の目的となる方の御影が、南脇壇に安置してあったからであろうが、これは転座が他の場合にもあることを示す一例である」とあります。

御転座の際の登礼盤については、『法式と其故實』の「導師登礼盤」のところに「登礼盤に至る法に就て、向って右側にある者の礼盤に至る法は、自己の座前より直ちに礼盤前に至り礼盤に登るのである還着本座の時は礼盤を降り左向けをなし登礼盤の時の通路をへず。向って左側の大衆の前を通過し、後門をへて本座に還るなり。向って左側の者導師をつとめ礼盤に至るには、左側の同列者の座前を横ぎり後門をへて、向って右側の大衆の座前を通過し、礼盤に至り礼盤に登るのである。礼盤を降る時本座に還る時は、礼盤を降り、礼盤に登る時にへたる通路をへず、直ちに左向をなし、向って左側の自己の座前に至り本座に着くを法とす」とあります。

現在は平常の登礼盤の際は、前記の「向って左側の者導師をつとめ礼盤に至る」に当り、従来通りでありますが、御転座の際、現在は登礼盤時は前記「向って右側にある者の礼盤に至る」と同じでありますが、降礼盤時は前記とは異なり、後門を通るように回らず、直ちに右向きになり、そのまま登礼盤時と同じ所を通って右側の座前に至って着座しています。

以上のように以前は登礼盤か降礼盤のどちらかで後門を経て右繞一匝《うにょういっそう》していたようで、常に右繞（右回り）と言う考えからは、この方が妥当でしょう。

散華の作法

本願寺派における散華の作法については、『法式規範』には「散華は、華籠のなかの華葩《けは》（花びらをかたどった紙片）をとって、右前方に散らす作法をいう」とあります。

又『法式紀要』には「華籠を方形なるものと想定し、向て右角より拇指と食指とにて花葩を取りて下方に散ず」とあります。

『仏教大辞彙』には「法会の軽重に従ひ、六葉・十二葉・十八葉等の数を華籠《けこ》に盛り、散華文の時、行道又は住立のま丶、一二葉づ丶、下方に散ずるなり」とあります。

『勤式作法の書』には、注意書きの中で「葩・ケバを讃ずる時、ケバを取り上げて遠くまで故意に飛ばしたり、後へ投げたりしてはいけません。もともと散華は佛に供養するのでありますから、常に敬虔《けいけん》な心持ちで万事静かに動作することは勿論のことであります」とあります。

以上のことから本願寺派における散華は、華籠の中の華葩を前方の下方に静かに散らす作法であり、華葩の枚数も多量の枚数を散ずるものでないことが分かります。

登礼盤作法のこと

『法式と其故実』には「礼盤に昇る事を、登礼盤、昇礼盤、箸《ちょ》礼盤、登高座ともいう。平安朝の頃には、高座と礼盤の区別があった様であるが、後世、室町、江戸の頃には、高座と礼盤と同一視せらる、に至れり」とあり、本願寺派では登礼盤と言い、大谷派では登高座と言っています。

又同じく『法式と其故実』には「登礼盤の作法には来迎院《らいごういん》流、当尾《とうび》流《りゅう》とある」とあり、さらに「登礼盤の拝数は、礼装の時は三拝三拝なり。正装の時は三拝一拝なり。始めの三拝は登礼盤の拝数、終の三拝、一拝は降礼盤の拝数なり」とあり、来迎院流は天台系、当尾流は真言系で、浄土真宗は天台系の来迎院流を用いました。

以前は七条袈裟を着用した時の登礼盤作法では、降礼盤でも三拝をしていたようでありますが、現在は衣体の種類に係《かかわ》らず、登礼盤は三拝、降礼盤は一拝となっています。

尚、一般の焼香の作法では、焼香は一回としていますが、登礼盤に限り二回行うのは、来迎院流の登礼盤作法で焼香を二回行うことが、そのまま現在でも行われていることによります。

【装　束　の　部】

ガウンの歴史と形状

『法衣史』によると「キリスト教のミサにおける聖歌隊（讃歌隊）や献灯・献華の様式が仏教の儀礼にも執《と》り入れられ、西洋音楽や新しい服装が仏教の法要にも用いられだした」とあり、本願寺派では正式には昭和三十六年（一九六一）の宗祖七〇〇回大遠忌法要の時に制定されたようであります。

讃歌衆用と献供衆用があり、『法衣史』では、「衿《えり》に式章を縫《ぬい》付けホックを付ける」とあり、讃歌衆用の写真では衿と式章を兼ねて飾紐《かざりひも》が付いていますが、献供衆用の写真ではガウンの上から別に式章を掛けています。

従ってガウンの上からさらに式章を掛けるかどうかは、ガウンの形状により、式章を縫付けたように飾紐があれば、重ねて式章を掛ける必要はありません。

三衣《さんね》とは

大きな法要において、御門主が用いられるものに三衣箱がありますが、そもそも三衣箱とは何か。

『仏教大辞彙』の「三衣筥《さんねばこ》」の項には「比丘の三衣を容《いれ》る、筥。或は据函《すえばこ》とも接僧《せっそう》匣《ばこ》ともいう。法会の時、阿闍梨は十大弟子を従え、之に三衣筥を持たしむ。礼盤に座する時は向卓に之を据置くなり。形状は深さ約五寸、長さ一尺三四寸、幅八九寸あり。外側は箔押《はくおし》又は真鍮《しんちゅう》の薄板張とせり」とあり、『考信録』にも「三衣函は向卓に置て。経をのせる函なり。常のすえ函と称す。差定には三衣函とあり。誤り唱るか」とあります。

又『仏教大辞彙』の「三衣」の項には「比丘衆の用うる三種の衣服。即ち僧伽梨《そうがり》（大衣《だいえ》）・鬱多羅僧《うったらそう》（七条衣）・安陀会《あんだえ》（五条衣）をいう。之を総称して支伐羅と云い、或は其染色に由りて袈裟と称せらる。尼衆は更に二衣を加えて五衣とす。（中略）僧伽梨は大衣・重衣《じゅうえ》・雑砕衣《ぞうさいえ》・高勝衣《こうしょうえ》等と訳せられ、聚落又は王宮に入る時之を用う。

鬱多羅僧は七条衣・上衣・中價衣・入衆衣等の称ありて礼誦・聴講・布薩等の時に之を用う。安陀会は五条衣・内衣・中宿衣等と称し、院内に於ける諸種の作務並に臥床《がしょう》等に用う。以上何れも割截せる条葉を縫綴せるもの、僧伽梨に三等九品の別ありて九条・十一条・十三条より成る三品は各条二長一短の葉相を以てし、十五条・十七条・十九条より成る三品は三長一短の葉相を以てし、二十一条・二十三条・二十五条より成る三品は四長一短の葉相を以てす。而して鬱多羅僧は七条より成り二長一短、安陀会衣は五条より成り、一長一短の葉相を以てす」とあります。

同じく「大衣」の項には「三衣の一たる僧伽梨衣を云う。後世は大法要の際に着用する整束のこと丶し、下に袍服《ほうぶく》・鈍色《どんじき》等を用い、上に九条・七条等の袈裟を被着す。七条袈裟は三衣にては中衣なるも五条袈裟に対して之を大衣とするなり」とあります。

同じく「三衣一鉢《いっぱつ》」の項には「比丘の貯《たくわ》うべきもの。即ち僧伽梨・鬱多羅僧・安陀会の三衣並に飲食に用うる乞鉢《こつばつ》をいう。是れ比丘六物中の主要なるものを挙げて比丘の常に身辺に有すべき用具の総称とせるなり」とあります。

又『浄土真宗辞典』の「三衣一鉢」の項にも「さんえいっぱつとも読む。「三衣」とは、僧侶の用いる三種の袈裟のことで、内衣または中衣（安陀会）、上衣（鬱多羅僧）、大衣または重衣（僧伽梨《そうぎゃり》）の三種。「鉢」とは乞食用の鉢のこと。インドでは三衣と鉢のみが比丘の私物として許され、これらの衣と鉢を合わせて三衣一鉢という。また、弟子が師の教えを継承することを「衣鉢を継ぐ」などという」とあります。

色衣の歴史

色衣について『仏教大辞彙』には「色を壊《こわ》して作れる律衣に簡《えら》んで五正色・五間色の法衣をいう。文殊問経に五部の区別に依りて袈裟の色を異にせること見えたるも、後世に行なわる、は僧階の高下を示さん為めにして其意義自ら別なりとす。其起源は朝廷より時の高僧知識に対して紫衣《しえ》・緋衣《ひえ》等を賜い、或は僧尼を統理すべき僧官の制服として一定の衣色を設けたるに由来せり。而して古《しこう》は紫衣と云えば紫袈裟のことなりしが如く、多く袈裟の色に由りて等差を設けしが、後には袈裟と法衣との両者に就て之が規定を設けたり。蓋《けだ》し是れ古来の仏会は朝儀に範を取りしもの少からざれば参列諸臣の服制はやがて仏教僧侶の模する所となりしならん。各宗に亘《わた》りて概ね寺格・堂班の制ありて、其高下を区別するに法衣の染色を以てせり」とあります。

このように色衣は、従来どの宗派も朝廷から許可された僧侶（宗派の門主など）のみが着用でき、その他の僧侶は墨染めなどの衣を着用していました。

本願寺でも僧階は第八代蓮如上人の頃に発生しましたが、第九代実如上人の時代に一門、一家の別を定めています。

（歴代宗主の双幅御影は、僧正《そうじょう》に昇進された実如上人より緋色《ひいろ》となっています）

第十一代顕如上人の時、門跡《もんぜき》寺院に列せられ、院家《いんげ》の制度が生じ、僧階制度が生じました。

江戸時代は朝廷よりも幕府が色衣着用の権限を持っており、紫衣事件なども起こっています。

明治時代になり、明治政府による僧官・僧位の廃止を好機として、全僧侶の願望であった色衣着用の許可権を宗派の長の行うものとなり、明治維新で国家仏教としての立場を離れた教団は、自由な色衣の規定を定め、浄土真宗では堂班《どうはん》と改称しました。

昭和二十四年（一九四九）に占領軍の介入により旧来の堂班の廃止にともない、新たに「法要席次規程」を制定し、僧侶の席次を「一、住職、現所属寺の住職であった僧侶及び副住職　二、前号以外の僧侶」と定め、僧侶の衣体は住職又は住職であった僧侶及び副住職の衣体（色衣は紅菊重《かさね》色）と、僧侶一般の衣体（色衣は落栗重色）の二種類のみとなりました。

僧階を廃し、衣体を無くしたことは、宗門の運営に幾多の支障を生じましたので、昭和三十年（一九五五）に宗門振興のために、僧序制度を復活することとなり、「類《るい》聚《じゅう》規程」を制定し、「親座」から「列座」の僧班ができました。

昭和三十一年（一九五六）に「衣体条例」を発布し、僧班による七種類の色衣を定めましたが、昭和五十年（一九七五）に「顕座」を加え、八種類となって現在にいたっています。

式章と肩衣《かたぎぬ》など

宗門の「服制規程」第六条の二には「寺族であることを標示するために、寺族式章を用いる。　2　寺族式章は、法要儀式に参列するとき又はその他必要な場合に、これを用いる。　3　寺族式章は、第一種寺族式章及び第二種寺族式章とし、第一種寺族式章は、坊守がこれを用い、第二種寺族式章は、坊守以外の寺族がこれを用いる」とあり、第七条には「本宗門の門徒であることを標示するために、肩衣又は門徒式章を用いる。　2　肩衣又は門徒式章は、法要、儀式に参列するとき又はその他必要な場合に、これを用いる。但《ただ》し、双方を同時に兼ねて用いることはできない」とあり又第八条には「肩衣及び門徒式章を、それぞれ二種類に分ける。　2　第一種肩衣又は第一種門徒式章は、一般門徒が着用する。　3　第二種肩衣又は第二種門徒式章は、門徒講、講社、職務等によって、その種別を区分する」とあります。

又『法式規範』の「法式要語の解説」の「式章」の項には「輪袈裟の下半分に紐《ひも》をつけた形のもので、袈裟とは区別される。第二十三代勝如上人の伝灯奉告法要を翌年に控えた昭和七年（一九三二）に制定されたもので、寺族式章（坊守式章・寺族式章）・門徒総代式章・門徒式章がある」となっています。

昭和二十五年（一九五〇）制定の「門徒式章条例」の別表では第一種門徒式章で「一般門徒」のものが、第二種門徒式章で「宗会議員・門徒講・本願寺参与・講社」などの別が定められていましたが、現在の「門徒式章条例」の別表では第二種門徒式章で「教区会議員・宗務所（など）門徒職員・帰敬式受式者・多額懇志進納門徒・本願寺総代」などが追加されています。

昭和三十六年（一九六一）に「門徒式章条例」とは別に制定された「寺族式章条例」の別表では第一種寺族式章では坊守が着用するものとして「地色に松葉重色、地模様に七宝若松模様、紋に撚《より》金下り藤紋」とあり、第二種寺族式章では坊守以外の寺族が着用するものとして、地色や地模様は第一種と同じでありますが、紋が紋白下り藤紋と紋の色を第一種の撚金と区別しています。

尚、この地模様などは同年の宗祖七百回大遠忌法要の記念五条袈裟と同様のものでありますが、大遠忌のたびに変更されるものではなく、たまたまこの時期に制定されたので、同様のものが用いられたのでしょう。

又、『法衣史』には「門徒が寺院に参詣する時は、最高の礼装をつけて行かなければならない。それはあたかも国王の館に行くのと同様ともいえた。江戸時代の後期には、女はお礼帽子《れいぼうし》という芯入袷仕立《しんいりあわせ》、扇面型の小さな白裂を前髪の上につけることが行われた。これは婦人の礼装が被衣《かずき》から綿帽子へと変わり、さらに揚帽子（角《つの》かくし）へと移り、外出用にまた礼装用として用いられているものから、それが象徴化されたものである。今日花嫁が用いる角かくしは、最礼装であることを示しているが、この御礼帽子は婦人が寺院に詣《ま》いる時つけたもので、明治・大正・昭和の初期まで用いられていたが、婦人の結髪《けっぱつ》が前髪のない束髪として流行し、さらにパーマネントウエーブが施されるに及んで、この御礼帽子をつけることが無理になって来た。そこで、自然に廃れて来たが、さらにこれに代わる門徒式章と呼ぶ呪字袈裟《じゅじ》（本願寺派昭和七年（一九三二）制定）・同朋袈裟と呼ぶ同種のもの（大谷派）の制定により、日華事《にっか》変の頃にはほとんど用いられなくなった。このお礼帽子は、揚帽子等に由来するところから、白色を通常とし、時に中央に下り藤等の紋章を付し、あるいは黒・紺等のものも用いられた。お礼帽子が婦人用とすれば、男子用には肩衣が用いられていた。これも江戸時代における民間男子の正装が肩衣・切袴すなわち裃《かみしも》であったことから、この袴を略し、肩衣だけをつけることが行なわれたものである。やはり江戸時代後期からと思われる。すなわち羽織袴・羽織着流しよりは、いっそう儀礼的であると考えられる肩衣が用いられたもので、色は黒あるいは紺・茶等を通常とし、背紋には下り藤紋等を入れ、地質は羽二重等の単《ひとえ》仕立で、一般の裃のようにかたく張った小紋等は用いず、古い形式の肩衣が用いられた」とあります。

同じく『法衣史』の中で、「呪字袈裟」や「同朋袈裟」について「昭和初頭東本願寺派においては、（中略）門信徒に寄付を勧奨して新たに門信徒用の呪字袈裟を定めて同朋袈裟と呼び、又西本願寺派においても昭和七年現門主・勝如上人伝灯継職を機として、同様の紐付の袈裟を定め、式章と称して肩衣・お礼帽子にかえ、その後大東《だいとう》亜《あ》戦争後にはインフレによる財政の立直しのための門徒講を作り、献金の多寡《たか》によって種類を分かち、これに応ずる各種の門徒式章を定めた。形式は、同じく紐付の呪字袈裟とした」とあり、『袈裟史』には「呪字袈裟等と称して輪袈裟の半分に修多羅の名残りである紐をつけて、其の金襴等で袋になっている所へ仏を示す梵字《ぼんじ》を入れるので、呪字袈裟であると称し、更にはその呪字を省いても名称だけは呪字袈裟と称して用いるようになりました」ともあります。

又『法衣史』には「種子袈裟《しゅじ》」について「三衣の種子を白い絹地に書き、うち三カ所に縫付、連環の頭につなぎ、その長さ曲尺四尺余、幅二寸。これを種子袈裟といい、出行用で法事用ではない。一般に輪袈裟といい、わが僧徒の中でも、これに随順して輪袈裟と呼ぶものが多い。宗意を失すること悲嘆至極である。この袈裟は理源大師大峰出行の際はじめられたもので、他宗門の人たちがこれを弁《わきま》えないで着用しているのはおかしい。（注）輪袈裟が山野を抜渉する際の必要のため生まれたものであり、種子袈裟と呼ぶのが本旨である旨書かれているが、現在、輪袈裟は環状になっているものをいい、種子袈裟は環状のものを半分に切断して、その端末に紐がつけられ、結び合されている」とあります。

「種子袈裟」については、『仏教語大辞典』にも「また呪字袈裟という。二寸ばかりにたたみ、三衣の種子である阿・鑁《ばん》・吽《うん》の三字を縫いこんだ輪袈裟をいう。醍醐寺の開山聖宝が、山路が通行しにくいので袈裟の縁を取ってその中に三衣の種子をおさめ、三衣の代わりに着けた輪袈裟に始まるという。今は輪袈裟を半折して両端に長い紐をつけて結んだものをいう」とあります。

「お礼帽子」の所にあった「被衣《かずき》」については、『広辞苑』には「①頭をおおうこと。頭にのせること。②衣被（キヌカズキ）1に同じ　など」とあり、「きぬかずき【衣被き・被衣】」の項には「(「かずき」は「かぶり（被）」の意）①平安時代ごろから身分ある女性が外出時顔をかくすために、衣をかぶったこと。また、その衣。元来は袿（うちき）をそのままかずいたが、漸次《ぜんじ》背通りより襟《えり》を前に延長して、かずき易いように仕立てるのを常とした」とあります。

又、「あげぼうし【揚帽子】」についても『広辞苑』には「婚礼の時、花嫁の用いる白絹の帽子。裏は紅絹（もみ）。今のつのかくし」とあります。

「肩衣」については、『仏教大辞彙』には「在俗の仏教信徒（男子）が仏前に詣づるときに用うる礼服。肩にかくる衣の意、普通の衣服の上に着け、肩より背のみを被《おお》い前は衽《おくみ》のみなり。麻上下の上に類似す。本一般に用いられたる服装（中略）伏見院の御宇《ぎょう》にものされたる法然上人絵伝に、之を着用せるもの見えたれば、鎌倉時代の末より下賤者の間に行われたるなるべし。又鎌倉行事記には足利成氏が金襴の肩衣を着けたることを記せり。されば室町時代には漸々盛んにして江戸時代に至りて公然たる礼服となり、肩衣袴を上下《かみしも》といい、長上下・半上下・継上下等の別を生じ小紋を着くるに至れり。室町時代の中頃よりは、鎧《よろい》・直垂《ひたたれ》に代用したることもありき。貞丈雑記に「古《いにしえ》の肩衣にはひだなし、本は賤《いや》しき者の服にて、小袖の上に着るもの故いつしか賤者《せんしゃ》の礼服の如くなり、今の世にては武家にておし出したる礼服となれり、後代の陣羽織は肩衣の変じたるなり」と言えり。又懐中肩衣と称し折畳み得るよう軽便に製して懐中に収め、時に応じて之を用うるものあり。現今多く真宗信徒に用いらる、仏前に詣づる時の一種の礼服とせり」とあります。

又『広説佛教語大辞典』の「肩衣」の項には「肩にかける衣で、麻裃の上着に類似したもの。念珠をもって肩衣をかけた姿が真宗門徒の仏前での正装とされる」とあります。

『広辞苑』の「肩衣」の項にも「①古代、庶民の用いた服。丈《たけ》短く袖《そで》と衽《おくみ》のない着物。②室町時代の末から武家が素襖《すおう》の代用として用いた服。背の中央と両身頃《みごろ》胸部とに家紋をつけた素襖の、袖をなくしたもの。肩から背にかけて小袖の上に着る。下は袴を用いる。③一向宗信徒が拝仏の時着る服。古くは幅狭く襞《ひだ》なく、紋所の下に横筋が染めてあり、身頃をかき合せて着る」とあります。

又『国史大辞典』にも「肩衣」の項に「方領（かくえり）闕腋（わきあけ）の上半身衣。身二幅で、袖も衽（おくみ）もなく、肩にかけて着ることによる名称。（中略）下半身にはく袴と併せて用いるのを常とし、肩衣に袖をつけたのを直垂（ひたたれ）

とよび、袖をつけずに両腋下を縫い合せたのを手無（てなし）・胴衣（どうぎ）などといい、いずれも衆庶の仕事着とした。（中略）儀礼化を示す肩衣の外見は、襟に続く左右の前身《まえみ》に寄襞（よせひだ）を設けて肩を張らせ、威容を整えている。袴も同地の色文様で、上下（かみしも）ともよばれ、江戸時代には出仕用としての式服となった。また袴を併用しないのを放肩衣（はなちかたぎぬ）といい、衆庶の簡易礼装として浄土宗の信徒にその名残を伝えている。なお室町時代の末から軍陣に際して、鎧《よろい》直垂《ひたたれ》の省略に代わって肩衣を小具足の上に着用する風を生じ、（中略）ときに具足の上にも着用し、形状の酷似から半臂（はんぴ）といい、法被（はっぴ）ともよび、両腋の下端に繋ぎを設けて前後身を続け、能の修羅物の装束に武装としての面影を残す」とあります。

さらに『日本国語大辞典』の「肩衣」の項にも「①袖なしの胴衣（どうぎ）。胴肩衣。袖無し。②束帯《そくたい》の半臂（はんぴ）に似た上着。素襖（すおう）の略装として用い、軍陣には甲冑の上に着ける。③江戸時代の武士の公服の一部。袴と合わせて用い、上下同地同色の場合は裃（かみしも）といい、相違するときは継裃（つぎかみしも）と呼び、上を肩衣といって区別する。④門徒の信者が経を読む際に着流しのまま肩にはおるのに用いる衣」とあります。

以上のように、門徒が寺院に参詣する時、最高の礼装をつけて行くと言うことで、以前は女性は「お礼帽子」を、男性は裃をあらわす肩衣・切袴の袴を略した「肩衣」をつけたと言われました。

昭和の初めに、和装から洋装に服装が変化したことから本願寺派では「式章」と称して肩衣・お礼帽子にかえましたが、この形状は、環状のものを半分に切断して、その端末に紐がつけられ、結び合わされており、他宗派では呪字袈裟（種子袈裟とも言う）と言い、その紐は修多羅の名残であると言われていますが、本願寺派の式章はそれを定めた時点で形を模しただけで袈裟ではなく、その紐は環状の二本の端を留める紐と解釈されます。

尚、門徒の場合は、「服制規程」にあるように、肩衣は廃されたわけではなく、現在も用いられている地域もあります。

又、縁儀などの際に講社らが袢に式章を着けるのは、服制規程第七条の「肩衣と門徒式章を同時に兼ねて用いることはできない」との条項に反するのではとの意見もありますが、真宗での肩衣は古いもので襞《ひだ》がなく、それを武士がまねて襞を付け、袴を履いて上下にして、袢としたもので、袢の上部を肩衣とは言いますが、これは古来の真宗の肩衣ではなく、講社などが縁儀で着けている袢は武士のものをなぞらえて、いわば紋付羽織袴と同様に単に正装をしているだけで本来の肩衣を着けているのではなく、式章を重ねて着けても問題はないと考えられます。

さらに、式章は僧籍のあるものが着用するのはどうかとの意見もありますが、例えば、寺院の坊守や寺族とか、本山の女子宗務員や宗門関係の保育園・幼稚園の職員などは、僧籍があっても僧衣を着用しない場合は式章を掛ける場合があり、輪袈裟は僧籍のあるもののみが着用するのとは意味が異なります。

墨袈裟のこと

墨袈裟については、『法式規範』の「法式要語の解説」の「墨袈裟」の項に「黒色の小五条袈裟の威儀を白紐としたもの。親鸞聖人の御影をはじめ多くの絵画に見ることができ、鎌倉時代には墨袈裟と裳付衣《もつけころも》が、僧侶の常服であった。小五条袈裟の代用として用いるが、葬儀の際に喪服に代えて着用してもよい」とあります。

宗門法規の「衣体条例」の別表第一号（四）特別衣体の「喪服」の欄に「色衣は鈍《にび》色麻地、五条袈裟は鈍色無紋麻地、切袴も鈍色」とあり、同じく別表第一号（二）一般衣体の摘要欄には「小五条袈裟は、墨袈裟にかえることができる」ともあります。

従って葬儀の際、喪主が鈍色の喪服のかわりに着用したり、親族が着用していますが、その他に小五条袈裟のかわりに着用しても良く、本山では得度習礼・教師教修などで晨朝勤行・日没勤行の際、内陣出勤のものが着用し、勤式指導所でも勤行実習の際、当番班が着用しています。

鉄線袈裟の歴史

『本願寺年表』には寂如上人時代の「延宝二年（一六七四）三・一御堂衆に浮紋白緞子《どんす》袈裟を許す」とあり、又「元禄七年（一六九四）二・二四　御堂衆に花色紋白、飛檐に緞子小紋の着用を許す」とあります。『大谷本願寺通紀』巻三にも「二月二十四日命㆓堂衆㆒著㆓碧色白紋五条㆒」とあります。

又『紫雲殿由縁記』には「御堂衆、花色てつせん紋白袈裟、但《ただし》初めは各々存寄紋、重て一様之てつせん唐草の紋と成る」とあり、この頃より御堂衆は鉄線唐草の五条袈裟を使用したものと考えられますが、何故それが鉄線唐草であったのかは不明であります。

左肩の袈裟

五条袈裟などの威儀は左肩に掛けますが、これは『仏説無量寿経』上巻の発起序の所に「偏袒《へんだん》右肩《うけん》」（ひとえへに右の肩を袒《かたぬ》ぎ）とあり、『袈裟史』には「偏袒右肩といって、左肩にまとい右肩を露《あら》わにするのを通常の姿としますが説法をする時には通肩《つうけん》といって両肩を覆うようになっており、現在に至るまでこの偏袒右肩の伝統が引きつがれております。ローマのトガという大きな楕円形の布の着装法を見ても、またキリスト教の僧侶にも同様な偏袒右肩が見られます。やはり右手が利き手であるという生理的原因に発するものでありましょう」とあります。

又、『建法幢』には「学習、勤行等に際しては偏袒右肩、托鉢《たくはつ》や旅行その他の目的で寺院から外出する時は、これを通肩（両肩を覆う）に着用する」とあり、本来は両肩を覆うように掛けるものでありますが、勤行などの際は右肩を脱ぐようにする為、左肩のみ掛けるようになったのでしょう。

布袍の歴史

『仏教大辞彙』の布袍の項には「法衣の一種にして道服を改作せるもの。黒色にして袖小さく、腰より下に襞《ひだ》を作らず。袖口《そでぐち》の下部と両脇下とは紐にてかゞり置けり。

冬期に用うるものはセルなどにて作り、夏は褊子・紋紗《もんしゃ》などにて作る。是れ古の裳《も》なし衣、後世の道服より案出せるものにて洋服などの上に用うるに便なり。明治十二三年（一八七九、八十）の頃真宗本願寺派にて大教校の講師・学生之を用い、後には軍隊布教・監獄布教・本山事務等に従事する者亦《また》これを便なりとし、三十三年（一九〇〇）達令を以て派内僧侶の着用を許せり。是より他宗派に普及し、現今にては略衣として道服と共に広く行わる」とあり、道服の項には「法衣に基きて作れる一種の略衣。直綴《じきとつ》に似て袖小さく腰より下に裳を作らず、たゞ細長き切地を縫い合せて裳の如くせり。長け亦稍々《またやや》短く、其色黒し。或は之を小道服と称し、直綴を道服と称することあり。（中略）和漢三才図会巻二十八には我国にて道服と称するは釋氏の黒衣に類し、冬は繻子《しゅす》・朱珍を用い夏は紗を以てす、大臣の褻服に之を着け、烏帽子《えぼし》を被りしこと、民間衣服の上に短衣を着け之をも道服（一名羽織）と称せしを述べ、是れ僧衣より出づるものなりとせり」とあります。

又『法衣史』には布袍の説明において「西本願寺派において用いられたもので、必《ひっ》竟裳《きょう》なし衣である。時宗の阿弥衣（網衣）のような裳のない衣に、脇入をつけ、これに黒糸の紐《ひも》かがりを付けて飾とした。（後にはこの飾りを省くこともある。）また袖は小さく、小袖同様であるが、袖口下に脇かがりと同じく紐かがりを付けた。（またこのかがりを省き、羽織の袖口のようにすることもある。）身に衽《おくみ》をつけ、襟先および袖下の脇あきの所に小紐をつけ、これで結び合わす。これを四つ紐という。また四つ紐の個所に「ちち」をつけ、組み糸の緒をこれにつけて結びあわす。すなわち布袍には「ひだ」がない。西本願寺派（他の一部の真宗を含む）以外に用いる改良衣・道服等と異なる所は、「ひだ」がなく、また「ひだ」を略した継目《つぎめ》も作らないことである。略衣である改良衣・布袍・略衣の道服が、正式の法衣と異なる形状の基本は、袖の形にある。正式の法衣の袖が広袖であるのに対して、小袖の形状をとるものである。布袍が案出されたのは、明治十三年（一八八〇）本願寺経営の大教校において、講師がこれを用い、やがて軍隊や監獄（刑務所）の布教に、さらに本山寺務等に用いられて公認されたものである。布袍には前述した小袖の形式の袖のほか、洋服式の筒袖のものもあり、これを洋服布袍と称している。布袍が正式に服装として認められたのは、明治二十年（一八八七）二月十四日、西本願寺派の「学庠規則」においてである。すなわちここにはじめて「布袍」の語がでる」とあり、「明治四十一年（一九〇八）十一月二十二日の光瑞上人の英断による根本的な服装規定の更改においても、この略衣の布袍等は一般僧侶の法衣としてなんらの規定はない。布袍が正式に一般僧侶の服装として公認されたのは、大正十三年（一九二四）四月十五日、服装規定に次のような追加があり、第二類略服（二種）の次に、略服（三種）として布袍輪袈裟または畳袈裟・俗袴が加えられたのである」とあります。

『勤式作法の書』の布袍の項には「現在の布袍に似た「略衣」に関して次のような記録がありますから記しておきますと、「所達第七号（本山録事明治四十年（一九〇七）二月二十三日号所載）事務取扱又ハ旅行ノ場合ニ限リ左記雛形《ひながた》ノ略衣（黒地）着用ヲ許ス　但シ略衣着用ノ節ハ必袴ヲ併用致スベシ　明治四十年二月一日」とありますが、この略衣には帯がなく紐で締め、腰から下が衣の裳と同じく、唯、臂《ひだ》が両脇と後とに一つづつしかありません。これは明治四十年（一九〇七）二月一日付で、明治四十一年（一九〇八）十一月二十二日付甲教示第五十二号服装規程には布袍の文字がなく、同年十一月二十二日付甲達第三十二号服装規程施行細則に、略服（黒衣に輪袈裟又ハ畳袈裟、袴）の袴は俗袴、又は洋袴を用ゆることを得、略服には、本山役員布教使其他特許せられたるものは、黒衣に代ふるに布袍を用ゆることを得と、布袍の名が出ておりますが、その形状、色目については分かりません。次いで大正四年（一九一五）十月三日付甲教示第十六号による服装規程更改にも布袍の文字なく、大正十年（一九二一）十月一日付甲達第二十六号による服装規程施行細則更改の中に前出と同じく布袍の名が見え、漸《ようや》く昭和三年（一九二八）九月一日付甲教示第九号服装規程更改の第三類礼服一種（白服。布袍、輪袈裟又ハ畳袈裟、袴）同二種（俗服、布袍、輪袈裟又ハ畳袈裟、俗袴）に「布袍」が大きく出て来ました。右によって察しますところ、略衣の裳がなくなり臂はなくして袖口下部半分と両脇とに紐で飾ったかがりとして、又両脇で結ぶ紐は袖口下部半分と紫・緑・黄などの長い色紐で先端に房をつけたりしてあったのが、現在では両脇のかがり紐も長い色紐もなくなってしまったのであります。又、元来は法式用ではなく、儀式用或は事務用であり、又僧侶の平生着《へいぜいぎ》でありましたものが、次第に簡単法要には用いられるようになって、始めは輪袈裟又は畳袈裟しか懸けなかったのが小五条位は懸け、次には布袍、輪袈裟、又は畳袈裟で法式を修行するようになり現行の昭和二十三年（一九四八）四月一日から施行の（宗則第六十号）服制規程の正服（二種）では、袴もなくなってしまいました。尚、特例として昭和十八年（一九四三）十二月二十七日達示第四号（昭和十九年（一九四四）三月二十五日宗報二号所載）で戦時外出用服装が定められ、従来の布袍の袖丈《そでたけ》を短くして、その残り切れでバンドを造り、甲乙二種の型が出来、こゝに新しく洋服用布袍の名が表われました。そして現行の服制規程の略服（二種）で洋式布袍の名に変っています。

この洋式布袍については、明治三十九年（一九〇六）九月十六日付甲達第二十九号（明治三十九年九月二十九日本山録事所載）に次のような規定があります。「本山役員各種布教員其他半素絹阪常衣着用差許サレタルモノニシテ特ニ許可セラレタル場合ニ限リ別記規定ノ布袍ヲ着用スルコトヲ得　別記　色目　黒（夏季塵埃ノ地若クハ特別ノ場合ニ於テハ「カキ」色ヲ代用スルコトヲ得）　地合　無地羅紗」又、昭和九年（一九三四）九月三日付甲達第十一号（昭和九年九月二十日本山録事所載）には、「今般事務員ニシテ洋服着用執務ノ場合ハ別記服装ヲ用フベシ此段特ニ相達ス」とありますが、この本山事務員の洋服の場合の服には、石帯（ベルト・ばんど）がありませんが襟が折襟になりました」とあります。

又、布袍の色については、『法衣史』には「明治三十七、八年（一九〇四、五）の日露戦役において、戦陣には旧来の法衣が活動力のさまたげとなることを実証したので、特に地質も羊毛の羅紗《らしゃ》とし、さらに軍服のカーキ色同様のものも黒色にかえて着用を認めたのは軍服が黒からカーキ色に変わったのに同調したものと考えられる」とあり、『勤式作法の書』にも、前記のように、明治三十九年（一九〇六）に「黒（夏季塵埃ノ地若クハ特別ノ場合ニ於テハ「カキ」色ヲ代用スルコトヲ得）」とあり、一部カーキ色が用いられていた時代もありますが、戦後の服制規程には布袍の色については特に定めがありませんでした。

しかしながら、平成十九年（二〇〇七）四月一日に、いわゆるカラー布袍が導入されるに伴い、「和式布袍の色に関する条例」（平成十九年三月二十三日宗達第二号）により、「一、黒色《くろいろ》　二、濃樺茶色《こきかばちゃいろ》　三、栗赤銅色《くりしゃくどういろ》　四、錆萌葱色《さびもえぎいろ》」の四種に定められました。

法衣の種類と色

現在の法衣は、色衣・黒衣・布袍などでありますが、明治時代まではいくつもの種類があり、以下にその例を挙げます。

袍裳《ほうも》は、最も格式の高い法衣で、法服とも言い、袈裟は必ず七条袈裟を着用し、袴は表袴《おもてばかま》を着用しました。上衣である頭の背後で方立になっている僧綱襟《えり》の付いた袍《ほう》と腰にまとう襞《ひだ》のある裳《も》のふたつからできていて、地模様があります。

鈍色《どんじき》は、袍裳と同じく上衣と裳の二部に分れ、袍裳と同じく僧綱襟になっていますが、地模様もなく、無紋の単《ひとえ》で裏地もなく袍裳のようにごつごつしていません。色は白を本義とし、僧正《そうじょう》には特に香色が用いられることもありますが、鈍色の意で、まじりけのない色、すなわち白の法服（袍裳）ということであります。鈍色の場合の袴は、指貫《さしぬき》と称するものであって、裾《すそ》をくって、裏で上につるし上げた形のものであります。袈裟は、原則として七条でありますが、五条の場合もあり、法要の軽重によって違うのではなく、職務の便宜上の場合が多いです。

素絹《そけん》は、一名式服と呼ばれ、法要に出勤する者は、これに指貫（差袴）をはき、五条袈裟をかけるのが通常で、法要以外の儀式のときに、五条なしに畳袈裟を用いた場合も、同じく式服と呼ばれていましたから、素絹即ち式服というわけであります。無紋で下襲《したがさね》も用いず、白を本義としますが、僧位・僧官を朝廷より与えられ、賜紫・賜赤・賜緋を許された者は、白のほかに紫あるいは赤、または緋あるいは六位相当の緑を着用するようなこともありました。しかし、その場合でも無紋・単であることには変わりがありません。

直綴《じきとつ》は、腰のあたりより裙（もすそ・くん）がついています。すなわち腰より上の衣と下の裙が直綴《じかつづり》されているので、その名があります。素絹よりまた一段下の格のもので、内陣堂班出仕のものは色を、外陣は黒でありました。袴のないのが普通であって、袈裟は堂内では、五条又は小五条であり、斎や非時には、門主や嗣法《しほう》は、五条ないし三緒を使用されました。

裘代《きゅうたい》〔裘帯〕は、最高の礼服に代えて着用されるという意味の法衣で、上記四種以外で門主や嗣法のみが着用する特殊な法衣で、外観は鈍色と同じでありますが、上下が分かれず続いています。裾の襞は鈍色の裳より素絹と同じで、上部は鈍色、下部は素絹という、一種の便宜的法衣であります。袈裟は必ず五条袈裟を着用し、七条袈裟の時は用いません。

坂常衣《さかじょうえ》は、外出時専用の特殊な法衣で、袖がぶらつかぬように袖口のところに紐を通し、必要なときにこれをしぼります。法要の出勤には用いず、袴は俗袴で袈裟は畳袈裟を用います。現在は比叡山の千日の行に用いられているだけで、本願寺派では、明治十三年（一八八〇）から略衣として布袍が用いだされ、明治四十一年（一九〇八）法衣の改革で廃止されました。

大正十三年（一九二四）四月十五日、服装規定が第二類略服（二種）の次に、略服（三種）として布袍輪袈裟または畳袈裟・俗袴が加えられました。

尚、現在七条袈裟を着用する際に用いる僧綱板は、平安朝以来、袍裳・鈍色・裘代・付衣などの襟が広く、頭の背後に方立になっていましたものを僧綱襟《そうごうえり》と称しましたが、明治四十一年（一九〇八）十一月二十二日に第二十二代鏡如上人が服装規程を定め、僧綱襟を分離して僧綱板を作り、必要に応じて、礼装の際はこれを付け、正装の際はつけないというように着脱自由にしました。本来僧綱の職にあるものに限られていましたが、僧侶全般に対し礼装の際はすべての僧に対し僧綱襟（僧綱板）の着用を認めました。

法衣の色の黒については、『法衣史』によれば、「本来袈裟色すなわち壊色《えしき》であるが、中国では壊色のうち緇泥色《しでいしょく》、すなわち皂《ぞう》が儒教などの影響をうけ、黒色が用いだされたもので、墨が低い地位とすれば黒は墨に似て墨にあらず、高貴な色となるのである。黒は青・黄・赤の三原色及び白とともに正色の一つであり、四神である青竜《せいりゅう》・白虎《びゃっこ》・朱雀《すじゃく》・玄武《げんぶ》のうち玄武の玄は黒を意味し、東西南北の位置に配すれば北にあたる。すなわち北は北辰《ほくしん》にして、北極星を示す。不変の位置でもある、また木火土金水の五行に配すると、黒は水にあたる色でもある。（中略）日本の法衣が律系統の如法色として、木蘭《もくらん》等の壊色を用いることに対して、天台・真言系などの平安朝仏教は墨を主流として用い、また黒は上位の僧に用いるなど、インドにおける仏教の袈裟色というよりも、むしろ中国における儒教などの影響が著しいと考えられる」とあります。

壊色（青・黄・赤・白・黒の五正色を避けて、他の不正色で染めたもの　壊色には通例三色があり、青・黒・木蘭、青・泥・赤、青・泥・茜などの説があります）

緇泥色（黒色の衣服である緇衣《しえ》の黒）

如法色（釈尊時代より法に従ったものでなければならないという考え方から、色合いについても如法のもの、すなわち真の三種の壊色）

又『仏教大辞彙』の「黒衣」の項には「何時の頃より此種の深黒の衣又は袈裟を用いたるや詳《つまびら》かならずと雖《いえども》、改邪鈔に裳無衣・黒袈裟を一遍流其他の遁世者《とんせいしゃ》の服として之を排し、蓮如上人御一代聞書巻末に墨の黒き衣は殊勝に見ゆれば厭《いと》うべしとせるより考うれば墨染衣より漸次《ぜんじ》転化せるものなることを知るべし」とあり、墨染衣より次第に深黒の法衣に転じたようであります。

門徒式服・参儀衆・布衣士など

門徒式服については、『浄土真宗本願寺派宗門法規』の「服制規程」第九条の二に「門徒式服は、門徒である宗会議員、本願寺総代及び本願寺参与が法要又は儀式に参列するとき又はその他必要な場合に用いることができる」とあり、同じく「門徒式服条例」の別表ではその型を「門徒宗会議員は直垂《ひたたれ》型、本願寺門徒総代と本願寺参与は狩衣《かりぎぬ》型」としています。

昭和三十六年（一九六一）の宗祖七〇〇回大遠忌法要の際に本願寺参与の方々が法

要に参列の為に「参儀衆」と名付けられ、門徒宗会議員の服装と共に昭和三十五年（一九六〇）に門徒式服条例が定められました。

尚、本願寺門徒総代については、平成二十三年（二〇一一）の宗祖七五〇回大遠忌法要に際して新たに定められたものであります。

参儀衆と名付けられるまでは布衣士《ほえし》と言われ、『法式規範』の「縁儀・庭儀の諸役」の項には「布衣士とは、布衣（狩衣）を着用している者」とあり、『大漢和辞典』の「布衣（ふい）」の項には「①布製の衣　②庶人の服。古、庶人は耄老《もうろう》に至らなければ帛《はく》を被《かぶ》られなかったからいう。転じて、官位の無い常人をいう。③狩衣の無文のもの。六位以下の人が之を着る。又、それを着る身分のもの」とあり、『広辞苑』の「布衣（ほい）（ホウイとも）」の項には「①庶民が着用する麻布製の衣服。平安時代以降は麻布製の狩衣の総称。中級官人が着た。②江戸時代、無位無官の幕臣や諸大名の家士が着用した無紋の狩衣。また、その身分の者」とあり、以前は袢衆と言われて袢を付けた講社や信義会以外の門信徒を布衣士と言っていました。

講社は全国の各種講社の講員の門信徒でありますが、信義会とは、明治維新によって解体された本願寺の家臣団が、明治二十四年（一八九一）に再結集されたもので、『仏教大辞彙』の「下間家」の項に「明治初年に至るまで京都六条本願寺門跡の坊官を勤めたる一族。源頼政の後裔《こうえい》宗重入道して蓮位と称し、親鸞聖人に随侍せるより起る」とあり、家臣団はこの蓮位房に始まり、代々本願寺の執事として寺内の要務を司りました。

明治初年の家臣団の解体については、『媒聰餘芳《ばいそうよほう》』の広如上人遷化の項に「明治四年（一八七一）初夏の四月に、家臣三百余名は京都府に召し上げられ、数百年来の主従の縁は断絶せり。御拝借人として二十名計残りしが、八月の初、昵近《じっきん》、小姓十数名一時に暇《いとま》になりて、写字台の病床にて決別のお逢いあり」とあります。

離紋《りもん》とは

「衣体条例」の別表第一号の（二）一般衣体の僧班の色衣の欄に「離紋」とありま

すが、これは鉄線唐草のようにつながった地模様のような地紋ではなく、独立して離れた紋であることを規定しています。

従って地紋に対して離紋と言いますが、その読み方については、法衣店では「りもん」と読む慣わしであります。

尚、一般衣体の色衣の紋は別表の摘要欄に〔色衣の紋は「花の丸」とする〕と規定していますが、花の種類には規定はなく、法衣店では菊や藤、桐などを図案化したものを作っています。

【荘厳の部】

壱越の磬

磬の音程について、『建法幢』には「勤行、声明には正確な音程が大切である。特に本願寺での晨朝勤行の正信念仏偈の発音が雅楽の壱越調（洋楽ハ調レ）で為されることに基づき、昭和二十年（一九四五）代中頃になって、「壱越」の音階（及び双調、ハ調ソ）で鳴る小鏧が開発された。これが壱越鏧である」とあり、又、「以前、阿弥陀堂内陣では小鏧、御影堂は沙羅《さわり》を晨朝勤行などで用いた」とあります。

『真宗事物の解説』にも「真宗本山にては現今阿弥陀堂に於いて鏧を用い、御影堂に於いて鈴（砂鑼《さはり》）を依用することになっている」とあります。

さらに『仏教音楽』（№36）「梵音のひびきにおもう」の「壱越の鏧の由来」には「昨今、「鏧の音色は壱越」というように、壱越のキンが重宝されているようです。これは御本山の両堂の鏧が壱越の音が出ることに由来しているようです。古来、御本山の阿弥陀堂においては鏧を用い、御影堂においては沙鑼を用いていました。ところが、先の戦争で鏧を軍部に供出した関係か、戦時中は沙鑼を両堂で用いるという事態が生じました。終戦後になって、新しく鏧を新調したのです。その時の鏧の音色が壱越であったのです。昭和二十三年（一九四八）の蓮如上人四百五十回遠忌の頃のことで、新しく鏧を造るにあたり、とくに音響学の観点からさまざまなことが考え出されました。なによりも読経の音階に合う鏧ということが重視されました。お朝事の「正信偈」の第一句「帰命無量寿如来」の発音、つまりハ調の「レ」の音に合わすべくして壱越の鏧が造られました。古来より、鏧の音は壱越でなければならないという定義はなかったのですが、御本山では勤行の音を取りやすくするという配慮から壱越の鏧が造られたのです」とあります。

上卓の点燭と木蠟

『実悟記』には「正月の修正七ヶ日、彼岸七ヶ日、本尊の御前の蠟燭のとぼされ候事、証如の御代より始候」とあります。

又、『考信録』には「本堂中尊前の上卓に。蠟燭立を安ずること。先年は蠟燭を燃すときのみ出せしに。明和年中（一七六四〜一七七一　法如上人御代）より。平常共出しおくことになりぬ。（中略）案ずるに末寺にも中尊前の蠟燭立は。点火の節ばかり出して。平常には置かざる寺数多あり。これは荘厳の具なれども。中尊前は正中に安ずれば。尊儀を拝瞻《はいみ》する時。覆障《ふくしょう》となるが故なり」とあります。

以上のように、以前は上卓に点燭しない時（前卓の蠟燭に点燭する時も含む）上卓の蠟燭立は出しませんでしたが、後に点燭しなくても出すようになり、その際木蠟を立てることとなったようであります。

したがって、現在は平常は木蠟を立て、前卓の蠟燭に点燭する時は、以前の例にならい、上卓には点燭せずに木蠟を立てておきます。

鏡餅のこと

『国史大辞典』の「餅」の項に鏡餅のことを記して「餅が正月の祝儀として用いられるようになったのは平安時代からである。中国から歯固《はがため》の風習が入り、元旦に堅い餅を嚙みしめて歯を強くし齢《よわい》を固めることを祈り、後に丸く大きく作った鏡餅を拝することになった」とあります。

『真宗事物の解説』には「正月に御鏡餅を供え、上へ橙《だいだい》をのせるのが、真宗にも用う式となっている。これは神供えの義にて寿命の長遠を祈るが如き意にはあらずして、ただ新年の喜びを表示し、順他したまでのことである」とあります。

又、『真宗故実伝来鈔』には「正月は仏前・御影前又名号・法名等迄悉《ことごと》く鏡餅を備えし、餅の字は非也、餈の字宜《よろ》し、併を世に順じて餅とす、餅の数寺々不同也。上に橙を置く、橙葉本尊開山は三枚、御代は二枚、其外一枚たるべし（中略）本山は本堂は少く御影堂は大也。故に堂に順じて御影堂は供物鏡なども数多し、全く仏前より祖師前を重し玉うに非ず。是故に御坊にては本尊を重くし祖師前を次とす、たとえば本尊の花束三具なれば祖師を二具とし、鏡も仏前十枚左右祖師前を六枚とする、是は軽重に非ず、仏像は中在す故檀をひろく祖師は脇に乗ずれば机もせまき故也。すべて中尊を重すべき也との玉えり。報恩講とても是心得あるべき也」とあります。

『実悟記』にも「正月初、一七日の修正の時、代々の御影、こと〴〵く懸候時、御鏡参に、みな〳〵御前に卓おかれず、かんなかけに御鏡すはるに、前住の御まえも、同様に候を、此近年、前住の御まえには、卓をおかれ候事、古え見及申さず候。注置候物にも、こと〴〵くの御前と、同前に卓なしと注置申候」とあります。

『法式規範』の「鏡台」のところには「鏡餅（橙《だいだい》、譲葉《ゆずりは》を添える）をのせるもので、四角形で脚のない白木地の台」とあり、この「譲葉」については『広辞苑』には「新しい葉が生長してから古い葉が譲って落ちるので、この名がある。葉を新年の飾物に用いる」とあり、「橙」と共に代々譲ると言う意味から用いられます。

懸盤《かけばん》卓《じょく》と春日《かすが》卓《じょく》

懸盤卓とは、御影堂にて門主用の和讃の卓として用いられるもので、『国史大辞典』の「懸盤」の項に「饗応《きょうおう》の据膳《すえぜん》の一種。四方に格狭間《こうざま》を大きく透かした足の上縁に、折敷《おしき》形の盤を載せ懸けて嵌《は》めこんだ構造から懸盤という。（中略）なお近世の寺院や武家の饗応の懸盤は、盤を足に作り付けとし、足の肩を張り出して鷺足《さぎあし》に反らせ、盤面を朱塗り（寺院用は黒塗り）とし、外部全体は梨子地蒔絵《なしじまきえ》定紋散し、黒漆蒔絵定紋散しなどとして用いるのを例としている」とあります。

又『浄土真宗本願寺派の荘厳全書』には「懸盤とは、王朝時代の食膳の一種で台は四脚の中程が海老腰形に外側に湾曲し、上下に枠がつき、従って台の側面が格狭間のような形になる。その台の上に、立ち上がりのついた方形の盆、つまり折敷（盤）を載せて（懸けて）用いた。後に折敷と台部が固定されるようになる。懸盤卓は脚部が懸盤のデザインに似ているのでこの名が起ったと思われる。但し甲板には立上がりが無く、甲板と脚部との中間に腰部を設け、その周囲に蓮池極彩色彫刻を施してある。総金箔押し、面朱、錺《かざり》金具打ち、甲板寸法は縦三九糎、横六四糎、高さ四〇糎。なお、阿弥陀堂と同じく、卓に向畳とほゞ同じ高さの別台が用いられている」とあります。

春日卓とは、阿弥陀堂の門主用の経卓や御焼香の際の焼香卓として用いられますが、『仏具大辞典』の鷺足形式（春日卓）の項に「四脚に優雅な曲線をもたせた鷺脚形式のもので、これらの品の甲板の下に欄間を設けるものとこれのないものがあり、欄間をつけるものはさらに格狭間を作り、透し彫りの文様を飾るなどの例もある」とあり、『国史大辞典』の「春日卓」の項には「奈良の春日大社の神饌案。春日机ともいう。長方形の甲板に強く張った脚をつけ、脚間《あしあい》に貫《ぬき》をめぐらし、象牙透《ぞうげす》かしの欄間を入れた案で、黒漆地唐花唐草蒔絵に螺鈿《らでん》で蝶鳥を散らし、金銅唐草毛彫の金具を配すのを特色としている。春日大社本殿四棟の縁上正面にそれぞれ安置するのを例とし」とあります。

又、『考信録』には「宗主焼香をのする卓を春日卓と称すること。茶家説に云く。春日明神の供膳の下の台の卓という。これを二十一年ごとにかえるなり。それを求め得て春日卓とて秘蔵す。唐よりも多く渡る。これを卓と訓じ。膳の台なり。今もその規に准じて製せる故に名くるなるべし」とあります。

金灯籠の扉の位置

金灯籠には扉が付いていますが、その扉をどの方向に向けるかについて、『浄土真宗本願寺派の荘厳全書』には「金灯籠の火袋六面のうち相隣る二面だけが扉になっており、閉じた場合は、一方の面に取り付けてある掛金具で固定して、それを前に向ける。尤《もっと》も金灯籠は、もともと尊顔を照らすためのものであるから扉は尊顔の方に向かって開いておくのが本義であり、たとえ平素は閉じてあっても、重要な法要に際しては百八十度回転して扉を開き、尊顔を照らすべきである」とあり、実際の現在については「現在本願寺では、内陣全体の照明が明るくなっているので、法要に際しても、尊顔を照らすために敢《あ》えて金灯籠を百八十度回転させて扉を開閉することは行わない」とあり、以前は内陣は現在のようにライトなどの照明は無く、実際に金灯籠の中に灯盞《とうさん》、種子油、灯芯を用いて明かりとしていましたが、現在は電球などを用い扉を開くこともなく、外陣の方に向けています。

尚、同じく『浄土真宗本願寺派の荘厳全書』には「東本願寺では現在、金灯籠は主要な法要に先立って吊るし、法要が終われば撤去しているようである」とも記されています。

金灯籠の足の形

『浄土真宗本願寺派の荘厳全書』には「金灯籠には特に定まった形は無いが、通常は火袋が六角形で、その上に蓮弁形の蓋《ふた》、宝珠とその台座がつき、火袋の下には、蝶足または猫足型の脚部がついている。本山では両堂ともに蝶足である」とあり、又、「一般に、本願寺派の〔金灯籠〕は猫足で、大谷派は蝶足型とされているが、実は西本願寺でも蝶足型の金灯籠を用いているので、本願寺派＝猫足という区別はあまり意味があるとは思えない」とあります。

結界のこと

『仏教大辞彙』の「結界」の項には「仏前の内陣・外陣又は外陣中僧俗の座席を区分する木柵《もくさく》を云う。又矢来《やらい》とも称す。真宗にて本堂に之を用いたるは本願寺第十世証如上人の時より始まれるが如し。（中略）現今は外陣中に設けて僧俗の座席を分てり」とあり、「矢来」の項には「仏堂内にて座席の区割を示す為に設くる横木を云う。矢《や》埒《らち》又は行馬とも書す。真宗寺院にては小寺を除き多くは外陣に矢来の設けあり。考信録巻二に矢埒を解して「射場の溝に用うる故に名を得たるならん」と云えり。蓋《けだ》し矢来は矢埒の転音とせるなり。また行馬とは牧場の境界に用うる埒《らち》に類する為めなるべし」とあります。

又『実悟記』にも「御堂の上檀と下檀との間のやらいは証如前住の御時より出来候。実如の御代まではなき事候、御用心とてさせられ候、尤之儀候。他宗の人聞候て難じ申候事御入候き」とあります。

華鬘《けまん》のこと

『真宗事物の解説』には「華鬘の本来は荘厳具でなく、仏前に奉仕をなす行者の装身具であったのである。（中略）元来華鬘の字義からいうも、華は花であり、鬘は首飾り、髪飾りの意で聖尊奉仕のために用いた装身具であった。（中略）種々なる色彩をもった生華をもって華鬘とし、男女が身につけて飾りとなしたのが印度の風俗であった事が解るのである」とあります。

又『浄土真宗本願寺派の荘厳全書』には「インドでは花を糸で繋《つな》ぎ、環《わ》をつくって神仏や貴人に捧げて敬意を表する。また、賓客の首にかけて歓迎の意を示す。このインドの作法が中国に伝わり、花の乏しい中国において金属製（金《かな》華鬘と称する）や木製、稀《まれ》には牛皮製で作ることになったと想像される。それが佛殿内陣の長押《なげし》や宮殿の虹梁に垂されることになったのであろう。また、太い組紐で華鬘が作られることがある。これを糸華鬘と通称する。もともとは揚巻の紐で華鬘を作ったと推定される。（中略）金華鬘（銅製・金メッキ、真鍮製など）に、しばしば紐の図柄が打ち出されているのは、花を繋いだ紐または揚巻の痕跡であろう」とあります。

『法式規範』には「華鬘は、戸帳の中央正面にかける荘厳具で、金華鬘（金属製）と糸華鬘（組み紐）の二種がある。本派では宮殿には金華鬘、厨子には糸華鬘を用いる」とあります。

香炉台のこと

『仏具大辞典』の「香盤（香炉台）」の項に「金香炉を置く台のことで、本願寺派では三足の洲浜形と五足の梅形の二種がある」とあります。

又、『勤式作法の書』には「香台というのは香炉の台のことで、香卓というのは香炉だけ置いてある卓のことであります」とあります。

洲浜形の洲浜とは、『国史大辞典』の「洲浜台」の項に「飾りの置物。水辺の波打ちぎわが湾入して左右均衡に入江をなした渚の曲線の形状を洲浜といい、水中に在って、前方を湾入し、後方を突出した島の文様も洲浜形という。松涛《しょうとう》飛鳥《あすか》を配して海浦《かいぶ》文様ともいい、仙境の瑞祥を示す吉祥文様として、島の中央に蓬萊山《ほうらいさん》を設け、鶴と亀を配し、ときに風流飾りに高砂の尉《じょう》と姥《うば》の作り物を加えて、長寿延命の祝儀の画様や調度とした。調度は、洲浜形の板に華足《けそく》をつけ、布帛《ふはく》や金銀彩糸の作り物の台として洲浜台とも島台ともいい、算賀祝儀の飾りの置物とした」とあります。

尚、『法式規範』には「内陣や余間などの前卓で焼香をする場合は、あらかじめ金香炉を香炉台よりおろし、土香炉と置きかえて手前に置く（これを転置という）」とありますが、『考信録』には「本山にて焼香の時に。土炉を上へあげ。金香炉を下におき入代るは、卓高くして。金炉を上に置ては焼香人の手とゞかざるゆえなり。必ずしも焼香の時は。金炉土炉をいれかゆると云う式に非ず」ともあります。

左右の呼称

御堂内の左右の呼称については、平成二十五年（二〇一三）四月八日に宗告第四号として「このたび、本山両堂等における脇壇・余間の左右の呼称が変更されたことに伴い、これより、宗門の寺院本堂等における脇壇・余間は、御本尊より見て左右と呼称することとなったので、この旨告知する」として発布されました。

これは、各寺院の本堂は本山の阿弥陀堂・及び御影堂の両堂をひとつにまとめたものであり、仏壇はまたその寺院を縮小したものであると考えられますので、本山の両堂において定められたものは宗門全体に適用されると言うことから、この宗告が発布されたのであります。

又、その際に宗報に「御堂内における脇壇・余間等の左右の呼称について」と題した文章が載せられましたが、その文章の冒頭で「本尊とは、根本の主尊ということで、本堂の内陣や仏壇に根本の主尊として安置している阿弥陀如来像（南無阿弥陀仏）をいう。本山の阿弥陀堂や御影堂、また一般寺院の本堂は、内陣の中央に本尊である阿弥陀如来像、親鸞聖人の御真影を安置している堂舎をいい、その名称からも堂舎の中心は阿弥陀如来像であり、御真影であるということができる。つまり阿弥陀堂・本堂は、私たちを救ってくださる方便法身の尊形である阿弥陀如来の智慧と慈悲の空間であり、御影堂は阿弥陀如来の化身である親鸞聖人の教化の場所である。したがって阿弥陀堂・本堂、御影堂の中心は阿弥陀如来像、御真影であり、私たちは救いの対象として日常的な価値観を転換して阿弥陀如来、親鸞聖人の教化を受ける存在であって、一人の聞法者として本尊の前に参拝しているのである。ゆえに阿弥陀堂・本堂、御影堂において、御堂内の前後、左右を表現するときも、本尊である阿弥陀如来を中心として前後、左右をいうのであって、私たち、つまり拝者を中心として前後、左右をいうのではない」とあります。

尚、その例として「（ご参考）『法式規範』による例」として

「右脇壇」を「左脇壇（向かって右）」に「左脇壇」を「右脇壇（向かって左）」に変更

などと記載されており、今までの呼称と混乱を生じない為に、「向かって」の文言を付けて呼ぶならば、従来通りでも良いとしており、一般寺院などにおける「祖師前」「御代前」などの呼称に変更はなく、従来通り使用しても差し支えありません。

以上のことの意味は、仏教徒は本来何事もご本尊を中心に考える事が本当でありますが、最近とくに自分中心に物事を考える傾向にあり、本尊中心の考え方に立ち返ると言う意味で、御堂内の左右の呼称の変更はそのひとつの例として実施することとしたものであります。

尚、左右の呼称の歴史的な経緯については、経文などは当然本尊から見た左右で記されており、古い文献においても『山科御坊事并《ならびに》其時代事』（実悟著）、『法流故実条々秘録』（祐俊著）、『考信録』（玄智著）、『法式紀要』などほとんどが、本尊から見

た左右で記され、『真宗故実伝来鈔』（浄恵著）のみが拝者から見た左右を用いています。

ところが、昭和二十四年（一九四九）発行の『龍谷勤行要集』の頃から、向かって左右とした方が、説明などの時に間違いなく素早く伝えるということに主眼をおくようになり、拝者から見た左右の呼称が長年続いてきたのであります。

従って、この度の変更は、脇壇や余間の安置されるものの変更ではなく、左右の呼称のみ、本来であるところの古来からの呼称に戻したということになります。

寺院の畳のこと

内陣の回畳については、『實悟記』に「堂の内陣に畳まわり敷の事。越中瑞泉寺は綽如の御時御建立にて候間、畳まわり敷也」とあり、綽如上人の時代から用いられたことがわかります。

又、『建法幢』には「寝殿造の部屋（内陣）はもともと板敷きである。板間の敷居の内側、部屋の周りに敷くのを回敷《まわりじき》、回畳《まわりじょう》と言い、部屋一面に敷き詰めるのを詰敷《つめしき》という」とあります。

回畳の高さについては、『勤式作法の書』に「畳の厚さは無目敷居を越えないというのが定めであります」とあります。

畳の縁については、『建法幢』には「畳の縁は、繧繝縁《うんげんべり》、高麗縁《こうらいべり》（大紋、中紋、小紋）、無紋などがある。天皇の畳は、繧繝縁で七尺×四尺、門主は高麗縁綾織《あやおり》大紋で横は六尺、八尺など、お堂の大きさに順じ、縦は三尺である。（中略）大紋は直径一寸八分（約五・四センチ）。中紋（直径一寸三分＝約三・九センチ）はもともと無く、後に大紋に準じて作られたと考えられる。小紋は本山の御堂の外陣などに敷かれている」とあり、回畳の縁は「上面が高麗縁中紋で、側面が波濤《はとう》文様である。これは御流《る》謫《たく》に際して北海の荒海に辛苦された宗祖の御苦労を偲ぶものであると言われる」とあります。

畳の縁の付け方についても「礼盤畳、膝付、薄縁いずれの場合にも二方縁（前後の二方のみ縁がある）と四方縁がある（四方の方が格が高い）」とあります。

又、『広辞苑』の「繧繝縁」の項には「繧繝錦で作った畳のへり。また、それをつけた畳。もと天皇の料だったが、のち上皇・親王、神社の内陣、御帳台の八重帳などにも用いた」とあり、「繧繝」の項には「同色系統の濃淡を断層的に表し、さらにこれと対比的な他の色調の濃淡を組み合わせることによって、一種の立体感や装飾的効果を生みだす彩色法」とあります。

「高麗縁」の項には「畳縁の一つ。白地の綾に雲形・菊花などの模様を黒く織り出したもの。大紋と小紋とがあり、身分による。後には白い麻布に同様の模様を染め出したものをもいう」とあります。

繧繝縁については、浄土真宗でも絵像の畳などに用いられたものがあります。

七高僧御影の順序

七高僧の御影のその順序はどのように決められているかについては、『真宗故実伝来鈔』に「問。七高僧の御列座列の次第、右の方上座ならば、龍樹を頭とし、左の方天親、中座曇鸞道綽善導源信源空とあるべきに、善導を右に安じ、又源空も同く右に座し給うは其由ある歟《や》。答。其由ありとみゆ、龍樹は最初なれば右座勿論也。次で善導は宗家大師とあがめ奉る、尊敬最あつし、空師の御事は申に不及《およばず》、別幅とも崇《あがめ》奉るべきことなり、故に右の方に奉　安《あんじたてまつる》」とあります。

荘厳の起源など

○五尊安置

『法式規範』の「五尊様」の項に「真宗寺院の本堂に安置されている御本尊（中央）、宗祖御影〔左脇壇（向かって右）〕、先師御影または蓮如上人御影〔右脇壇（向かって左）〕、聖徳太子〔左余間（向かって右）〕、七高僧〔右余間（向かって左）〕の五つの御尊影をいう。この五尊安置の形態は、真宗寺院の様式が整ってきた第八代蓮如上人の時代に始まったとされる」とあります。

又『真宗故実伝来鈔』には「太子高僧は、蓮如上人の御時より免ぜらる、と見えたり。其前は或は光明本、或は連座の御影を免ぜらると見たり。連座の御影、京田舎の寺々に伝来せらる、処、祖像まち〳〵にして其願に順ぜらる、と見えたり。蓮師の御時、初は太子・法然・六祖三幅也。其後之御免は太子一幅、七祖一幅、二幅に免ぜらる」とあります。

さらに『本願寺風物誌』にも「五尊安置の形式が一般に行われるようになってきたのは、蓮如上人以降で、それ以前は光明本尊の御影（十字、九字の御名号を中心に、祖師、七高僧、善知識等の連座の御影が一幅に収められた形式のもの）が多く用いられていたようです。寺院の規模が整うに従って、この一幅に収められた御影が、別々の御影として、安置されるようになったものと思われる」とあります。

○三具足・五具足

『真宗故実伝来鈔』には「三具足は全く法具に非ず。其の体千年万年を祝て鶴亀を以て蠟燭立とす、香炉に獅子を乗ず、是を見る時は甚だ祝の具也。慈照院義持公（第四代足利将軍)、床書院のかざりを定め給うに就いて、三具足・五具足又七荘《ななかざり》等の式を定む。当年仏前のかざり是にもとづくと見えたり。然ればさのみ古き事に非ず、如是諸宗一統に法器に用るは不思議也し事なり。立花などの事の定りしも此ころなり。(中略)当家は蓮如上人以来と覚る也。義持公より蓮師は少後也。東山殿物数寄甚勝たり。依之諸家共に是を用しと覚るなり」とあります。

以上のように、この荘厳形式は、室町時代に於いて現在のような床の間が各家に造られるようになり、その床の間の飾りものとして用いられたものであり、現在のように仏前の荘厳具として発展しましたのは、室町以後であります。

しかし、この三具(香炉、花瓶、蠟燭)の荘厳がそれ以前に全くなかった訳ではなく、香・華はインドからの伝来のものであり、蠟燭は中国の隋、唐の時代に出来たものであります。お花が今のように立華の形式になりましたのも室町時代の華道の影響によるものであり、本願寺で三具足の荘厳形式が始まりましたのも蓮如上人以後であります。

○四具足

『浄土真宗本願寺派の荘厳全書』の「四具足」の項には「火舎と華瓶とは密教の修法壇、特に大壇などを簡略にした横長の密壇の荘厳に由来する。三具足や五具足よりも古い荘厳形式である。三具足や五具足の荘厳形式がまだ定まっていない十四世紀中ごろの製作である『法然上人絵伝』（四十八巻本）によれば尊前は現在の阿弥陀堂の上卓に似た卓の上に、火舎一、華瓶一対の荘厳がなされていることが多い。蠟燭立は、もともと平素は用いず、法要に際してのみ点燭（蠟燭に火を点ずること）して供え、法要が終われば撤去していた。しかし、徳川中期、明和年間（一七六四〜七二）より、これを常置することとなり（『祖門旧事記』巻二）、現在に及んでいる」とあります。

その『祖門旧事記』巻二には「本堂中尊前の上卓に。蠟燭立を安ずること。先年は蠟燭を燃すときのみ出せしに。明和年中より。平常共に出しおくことになりぬ。又本堂の回り卓も。その時分より布陳せられたり。これも先年は歳首一七日。読経の節。又は彼岸会等の時のみ置て。平常に出せることなかりき。案ずるに。末寺にも中尊前の蠟燭立は点火の節ばかり出して。平常には置ざる寺数多あり。これは荘厳の具なれども。中尊前は正中に安ずれば。尊儀を拝瞻《はいせん》する時。覆障となるが故なりとぞ」とあります。

以上のように、三具足・五具足と四具足はその成り立ちに違いがあり、歴史も四具足の方が古いことが分かります。

○蠟燭立

蠟燭は『仏事の心得』に「本願寺第三世の宗主である覚如上人ご在世当時の様子を追懐されて、上人のご次男である従覚上人が、観応二年（一三五一）に著わされた『慕帰絵詞』（全一〇巻）の第八巻に、覚如上人が、御孫君と和歌を贈答されている描写がありますが、その中に、みごとに咲いた桜の花をさした青磁の花瓶と香炉と蠟燭をさした燭台があります。このことからも、室町時代初期には、蠟燭が用いられていたことが推察されます」とありますように、以前から用いられていましたが、蠟燭立については、『実悟記』に「正月の修正七ケ日、彼岸七ケ日、本尊の御前の蠟燭のとぼされ候事、証如の御代より始候」とあり、第十代証如上人の時代（一五二五～一五五四）より蠟燭立が用いられたことが分かります。

○金灯籠

『真宗故実伝来鈔』に「金灯籠　当家に元なし、聖人の四百五十回忌（一七一一）までは、御厨子の内、菊灯台にて灯明を上らる。然に油煙厨子の天井にたまり、掃除のとき落にくゝ候とて、其時より金灯籠を掛らる、今に至て御依用也」とあります。

又、『本願寺年表』には「元禄五年（一六九二）七・二七（寂如四二）宗祖龕前に金灯籠を掛く」とあり、又「明和八年（一七七一）九・二六《ママ》「（法如六五）津村別院十二講、本尊前金灯籠を寄進」とあり、『大谷本願寺通紀』にも元禄五年の所に「七月二十七日。新懸㆓両金灯籠於祖龕前㆒」とあり、さらに「龕前金灯籠　元禄五年七月二十七日設㆑之。先㆑是毎㆓晨朝後啓㆒龕。点㆓残燭㆒照㆓龕内㆒。於㆑是而罷。明和八年九月二十七《ママ》日。於㆓佛厨前㆒設㆑之。施主大坂十二講内三人」とあり、この時代から用いられたことが分かります。

○輪灯

『法式規範』の法式要語の解説の「輪灯」の項には「もと宮中の紫宸殿《ししんでん》の用具で、後世に仏前の荘厳具に転用されたというが、真宗独特の照明具で石山時代から用いたようである」とあります。

又『建法幢』には「輪灯は、もと御所紫宸殿で用いたと言われ、それを仏殿に転用したのであろうか。本願寺での起源は明らかではないが、永禄四年（一五六一）宗祖三百回忌法要に於いて用いられたようで、永禄十年（一五六七）に成立した『古今独《ここんどく》語《ご》』やそれを承《う》けた『祖門旧事記』巻二（一七八三）にも「釣灯台ヲ金ニ拵ヘラル」とある。釣灯台とは輪灯のことと考えられる」とあります。

○菊灯

『仏事の心得』には「菊灯というのは、正確には「菊灯台」と申し、台座を菊の花に似せたところからこの名称があります。（中略）もとは宮中に用いられたり、茶席に使用されていたものですが、後に仏具として使われるようになったようです」とあります。

又『建法幢』には「菊灯台は、第三代覚如上人時代にはもちいられていた」とあり、金灯籠や輪灯よりも古くから用いられていたことが分かります。

据箱のこと

『法式規範』には「据箱を用いる場合は、あらかじめ向卓に準備し、なかに表白、声明本などを納めておく」とあり、又その「要語の解説」では「報恩講法要において報恩講式や嘆徳文を入れたり、表白・差定、そのほか中啓・念珠などを入れる箱を据箱、袈裟を入れる箱を三衣箱と呼ぶ。他派では説相箱《せっそうばこ》ともいう」とあります。

『仏具大辞典』には「三衣を入れるのが本来であるが、現在は五条袈裟・経本・声明集などを入れ脇卓や向卓におく」とあります。

『仏教大辞彙』及び『考信録』については、「三衣とは」の項を参照されたい。

更に『法式と其故實』には「香炉箱は、導師の香炉を容る、箱なり。三衣箱は導師の三衣、五条、九条、廿五条の袈裟を容る、箱なり。据箱は経文、式文を容る、箱なり。但し据箱には声明本、和讃本、礼讃を容る、べからず。此の三箱を総じて説相箱という、据箱は向卓に、三衣箱は脇卓に、香炉箱は磬台下に置くを常とす。大僧都今の衲衆《のうしゅう》以上は弟子引率すれば説相箱三種に用うれ共。大僧都以下は甲衆は三衣箱、香炉箱を用いず。ただ、据箱のみ許さる。本願寺では両門主のみに限り三種の説相箱を用うる事を得」とあります。

『勤式作法の書』にも「据箱は他宗では説相箱ともいっていますが、本派では「据箱」と通称として三衣を入れた時には、「三衣箱」といい、お経を入れた時には「経箱」といい、龍谷会の時には六弟子の一人がこれを持って門主猊下に従います。又門主猊下が法要に柄香炉を持って御出座御入堂なさる時に、会役者は柄香炉をこの据箱に入れて御渡しします。この時、猊下は右手の中啓を据箱の中に入れて、柄香炉を取ってお持ちになります。又、本山では門主猊下が御登礼盤の節には前卓《ママ》の上、中央に、声明本を入れて据箱が置いてあります。一月十六日日中（御正忌報恩講満日中）法要の時と十月十六日龍谷会の時には、声明本と報恩講式・嘆徳文二巻と入れた据箱が置いてあります。右のように、本派では門主猊下の他には、この据箱は使わないことになっております」とあります。

以上のように、本山では据箱や三衣箱は御門主や前門様のみが用いますが、一般寺院では導師が据箱を用いることもあります。

宣徳《せんとく》と真鍮《しんちゅう》

三具足や五具足には宣徳と真鍮がありますが、『広辞苑』の「宣徳」の項には「明の宣宗の時代の年号（一四二六〜一四三五）」とあり、「宣徳窯《せんとくよう》」の項には「明の宣徳年間、江西省景徳鎮に設けられた官営の陶窯。また、その製品。良質の青花（染付）磁器を焼造」とあり、又「宣徳銅器」の項には「明の宣宗の勅により宣徳三年に製した、鼎《てい》などの銅器。「大明宣徳年製」の字を銘記」とあり、その様式を現在に伝えるものでありましょう。

同じく『広辞苑』の「真鍮」の項には「銅と亜鉛との合金。黄色で、展性・延性に富むので細線・板・箔とする。また、浸食されにくいから、機械・器具の部品に用い、流動性に富むので精密な鋳物用となる。亜鉛分は三〇～四五パーセント用いられ、その量によって各種の性質を与え得る。黄銅《おうどう》」とあります。

『浄土真宗本願寺派の荘厳全書』には「本願寺派が宣徳で黒っぽく、大谷派は真鍮だから金色である」とあり、本願寺派は宣徳の物を用いることが多いですが、本山に於いては、元旦会及び盂蘭盆会に際し、御影堂の脇壇及び余間の歴代宗主双幅御影及び九字・十字尊号を巻収め、歴代宗主のお一人ずつの御影を並べて奉懸しますが、その際両余間を三具足で荘厳します。その三具足は前卓を置かずに余間の壇上に直接置きますが、その三具足は宣徳ではなく、真鍮の物を用います。

草座・座具のこと

『仏教大辞彙』の「草座」の項には「法会に際し仏前にて長老の用うる座具の一種。

又茅座《ぼうざ》と云う。是れ仏成道の時吉祥艸（香茅）を敷き給える故事に依るもの（中略）後世用いらるる草座は四周に絲《いと》を垂れ吉祥草の形状を模せり。即ち僧綱式巻下に「草座は綺羅を具う、縦一尺三寸、横六寸六分、両片連ねて褥座《じょくざ》とす、収むる時は即ち畳む、其両端共に乱線あり、草様に擬す」と云えり。其用法に就ては礼盤の上に座具を布きて其上に草座を置くと礼盤の前に草座を置くの二様ありて天台宗寺門派などには礼盤の前に置くが如し」とあります。

又「尼師壇《にしだん》」の項には「仏制に基きて作れる比丘六物の一。尼師但とも云い、座具・敷具・随座衣・随足衣等の訳名あり。比丘の座臥する時下に敷くべき方形の布なり。之を用うるに三意あり。一に己身を資《し》くる為なり。地上に座臥せば身を損すべし。二に法衣を敬う為なり。若し之を用いざれば三衣を損壊し易きが故なり。三に僧物を護る為なり。身より出づる不浄が床榻《しょうとう》を汚染せんことを恐る、なり」とあります。

『考信録』には「草座は宗主登壇の時に。従僧持し来て。壇にしくものなり。紺白の糸。左右へ垂れたる座具なり。草座と云うは。経の哀受㆓施艸㆒。敷㆓佛樹下㆒。跏趺而坐の本縁に由て称するならん」とあり、「哀受施艸敷佛樹下跏趺而坐」とは「哀《あわ》れんで施草《せそう》を受けて仏樹《ぶつじゅ》の下《もと》に敷き、跏趺《かふ》して坐す」ということであります。

『龍谷閑話』には「両門の内が導師であるときと、登礼盤を連枝に与奪されたときとでは、物具の置場所が違ってくる。両門のときには三衣箱を礼盤脇机に置き、香炉箱は假座の右側に、草座は礼盤に敷き、座具は腕にかけたままで有職は着座している。玉幡も例の通りの箇所に立てるが、連枝が登礼盤のときには、草座の二つに折ったままで、導師の假座の左におき、その上に三衣箱を置き、右側は香炉箱で、玉幡は讃衆席の後方の假敷居際に立てておく」とあり、この両門とは現在の門主及び前門（門主であった者）をさし、草座や座具などの物具は両門のみが用いるものであることがわかります。

大遠忌法要のお供物

四百五十回忌大遠忌のお供物については『本願寺史』には「祖師前の五具足・供物

十対の先例を改めて、九具足二十五対とする」とあり、『本願寺派勤式の源流』にも「今までの五具足と供物十対を九具足（蠟燭立六）と二十五対とした」とあります。

六百五十回忌大遠忌についても『本願寺派勤式の源流』に「お供物＝二十四具、大盛二台（黄・白・青・紅の饅頭に金銀紅三種の造花牡丹二百本を挿す）外に五色盛菓子二台」とあります。

七百回大遠忌についても『本願寺派勤式の源流』に「お供物二十六具を壇上に左右十二具、須弥壇両側の段荘に左右十二具と伝供のお花・供物（いずれも一回替える）中央には宮中よりご下賜のご紋菓あり」とあります。

七百五十回大遠忌では、阿弥陀堂は須弥壇上に六具、御影堂は全部で二十八具あり、御真影を安置される須弥壇に十一具、須弥壇の左右に設けられた五段の供物台に十七具をお供えし、月毎に季節のお供物を供えましたが、詳細は以下の通りであります。

阿弥陀堂　六具　一・彩色餅　二・白雪香　三・山吹（蓮華山吹）　四・紅梅香
五・松風　六・季節の御供物（御影堂に同じ）

【荘厳の部】

御影堂　二十八具〔須弥壇上：一～九・二十七・二十八　供物台：十～二十六〕一・彩色餅　二・白雪香　三・山吹（蓮華山吹）四・州濱　五・季節の御供物　六・紅梅香　七・松風　八・紅餅（桔梗餅）九・菊落雁　十・巻煎餅　十一・昆布　十二・寒天　十三・素麵　十四・小落雁　十五・湯葉　十六・椎茸　十七・下り藤　十八・干瓢　十九・牡丹　二十・丁字麩　二十一・丸落雁　二十二・縮羅《ちぢら》　二十三・花豆　二十四・羊羹　二十五・法雲　二十六・公孫樹《いちょう》　二十七・千盛饅頭（紅白）　二十八・千盛饅頭（青黄）

季節の御供物〔四月：金柑　五月：柏　六月：青梅　九月：胡桃　十月：栗　十一月：作柿〕

御正当　阿弥陀堂　六具（季節の御供物は銀杏）　御影堂　二十八具（十一月までと同様）但し季節の御供物は銀杏、千盛饅頭を彩色と酒饅頭に変更

鶴亀燭台のこと

鶴亀形を用いた燭台については、『考信録』に「本は世間の調度にて。室町家の時まで。祝言の床かざりに用いし事。池の坊の大巻にみゆとかや。何の比よりか。仏前に供養せし例となり。今は仏具にかぎれるようなり。唐にて道家の荘厳なりしという人あれども。信じがたし」とあります。

又、『真宗事物の解説』には「鶴亀とは、その名の示すが如く、鶴と亀との形に作り、燭台の用に使うところの法具である。真鍮または唐金等の金属にて造り、その形状あたかも這《は》える亀の背に鶴が立上り、嘴《くちばし》に蓮の茎を銜《くわ》えたるが如き形になし、その上端の華の形をなせる中に蠟燭を立て点火するのである。(中略)そもそも鶴亀の最初の起りを尋ぬるに、我国室町時代に武家の間で、床飾りの用具として愛玩せられた調度であった様である。これがついに今日の如く仏前にのみ使用して、単なる装飾品としては用いない様になったのである。(中略)『古実選要鈔』にはその時機を示して「六角堂池の坊『華道極秘伝』に曰く「行者宿報設女犯、我成玉女身被犯、一生之間能荘厳、臨終引導生極楽」と六角堂の観音菩薩が、親鸞聖人に告げ給いしより、九条殿下兼実公の聟君とならせ給う。之によりて御祝儀として九条家より六角堂観音に対し、対の立花に鶴亀の燭台を奉る、これ対の花の初めにして伝授の奥義といえり、されば鶴亀の燭台もその故実ありと言うべし……されば此等の故実は真宗より始まる、其実を知らずして唯その美麗なるを以って諸宗通じて用い来れるものならんか」となしてある」とあります。

『建法幢』には「本願寺派は、現在の御影堂建立以後に三具足等のデザインも新規開発したようである。現在の蠟燭立は、鶴亀（大派の蠟燭立、亀の背に鶴が立ち、嘴に啣《くわ》える木の枝に蠟燭を立てる）の変形。中ほどに舞鶴二羽あり、三本の脚は亀の頭部の変形」とあります。

尚、本願寺においても、阿弥陀堂の両余間や御影堂の先師御影の前（左脇壇）には常時、又盆と正月の御影堂両余間に歴代御影を奉懸する際の三具足には、大派と同じ従来の形の鶴亀燭台を用いています。

二物《にもつ》・六物《ろくもつ》のこと

二物とは礼盤と天蓋のことでありますが、『勤式作法の書』にはこの「二物」については、次のような法規があって一般には許されず制限されております。

「二物願之件（明治十一年（一八七八）二月達書第二十六号）
今般詮議之次第有之内陣本座以上の向は天蓋礼盤差許候條右望の者は出願可致此段相達候事」とありまして、又、「一、二物は堂班永代内陣本座二等以上の末寺支坊に限り依願許可せらる（以下略）」などとその願書の書式が書かれ、その後に「右の法規の通りでありますから、天蓋と礼盤との「二物」は堂班が永代本二等以上の末寺支坊には願書を提出さえすれば設備することが許可されたわけであります」とあります。

六物については、同じく『勤式作法の書』に「これについても以前はその設置が特許されていたものでありましたが、明治十一年（一八七八）二月以降は「願出」さえすれば一般に許可されることになりました。」

「六物願之件（明治十一年二月達第二十一号）

従来末寺一般、仏室、厨子、出仏壇、金張付、喚鐘、撞鐘免許の冥加制規も有之候処自今無冥加にて免許候條此段相達候事」とあります。

出仏壇については、『浄土真宗本願寺派の荘厳全書』に「一般末寺寺院本堂では、江戸時代後期にいたるまで、内陣の形式は奥行の浅い三ッ並び一列の仏壇であって、後門形式のものは江戸時代もかなり後にならなければみられない。もっとも一家衆などの大坊では、本山にならって十七世紀初頭から後門のある出仏壇だったらしいが、一般末寺はほとんどが、一列仏壇であったという。これは出仏壇がいわゆる「六物」の一つであって、本山からの免許がなければ設けられない規定になっていたためと思われる（千葉乗隆博士著『真宗教団の組織と制度』一七〇頁）」とあります。

以上のように、礼盤・天蓋や宮殿・厨子、出仏壇、又柱の金箔、喚鐘・梵鐘などが以前は許可制や出願制でありましたが、現在は戦後の宗制の改正に伴ってか、いずれも設置することが自由となっています。

幡《ばん》のこと

『仏教大辞彙』の「幡」の項には「仏・菩薩の威徳を標示する荘厳具。又之を立て、祈福に充つ。梵語に波哆《はた》迦《か》又は駄縛若・計都に作り、繒幡《ぞうばん》・幢幡《どうばん》とも云う。（中略）或は堂内の柱などに掛け、或は天蓋に付け、或は仏堂の前庭に樹つ。又施餓鬼・流灌頂に用う。平絹にて作れるを平幡、絲《いと》を束ねて作れるを絲幡、金属にて作り天童子の携うるを玉幡と名づく。幢はハタボコと訓じ是れ飾れる標柱の義にして幡と異れりとし、或は幢を旗竿のこと、する説あり。（中略）仏土の荘厳に亦《また》幡あり。無量寿経巻上に「無量寿国はその諸の天人に衣服《えふく》・飲食《おんじき》・華香《けこう》・瓔珞《ようらく》・繒蓋《ぞうがい》・幢幡《どうばん》と微妙の音声とあり」と云い、観経疏散善義に「第三夜に見る、両幢杆は極めて高く顕《あらわ》れ、幡懸りて五色なり」と云えり。往生礼讃に「地下荘厳七宝幡」と云うもの亦是れなり」とあります。

又『仏教法具図鑑』の「幡」の項にも「梵語のパータカの訳、波多迦・波哆迦と音写し、又、旛に作るも同じ。我が国では「はた」という。『倭名類聚抄』には「幡、涅槃経に云く、諸の香木の上に五色の幡を懸く。和名は波太《はた》。又、征戦の具に見ゆ」と記す。幡は元来は武人が戦場において、自己の武勲を誇示する為に立てたということであるが、古くから仏教に取り入れられ、仏菩薩の降魔の威徳を示す荘厳具とし、更には幡そのものに降魔、延命等の福徳があると説かれるに至った。（中略）幡は、幡頭（三角形）、幡身（長方形）、幡手（幡頭の下部及び幡身の左右から垂れる）、幡足（幡身の下部から垂れる）の各部から成り、これを基本形式とする。（中略）次の如くに種類の配列を行うことができる。

一、素材による区分

裂製幡　金銅幡　平幡　玉幡　糸幡　紙幡　板幡

二、大きさによる区分

大幡　小幡（大小を分ける寸法などの規準は無く、便宜的な呼称である）

三、色彩による区分

単色幡　雑色幡（五色幡、八色幡、九色幡）

四、用所による区分

堂幡　礼堂幡　庭幡　屋上幡　高座幡　天蓋幡

五、用法による区分

続名神幡　薦亡幡（命過幡）　葬送幡（四本幡）　施餓鬼幡　灌頂幡

六、図様による区分

仏像幡　種子幡　三昧耶幡　蓮華幡　鑠枳底《しゃきち》幡　五種旗幡（師子幡、莫羯羅《まから》幡、

龍幡、掲路荼幡、牛王幡）」

とあります。

『仏具大辞典』にも「幡は梵語でパータカといい、波多迦にあてる。中国の訳語でこれを幡と名づけるが、わが国では平安時代の『倭名抄』ですでに「波太（はた）」と訓じている。幡は仏殿内の柱や天蓋にかけ、また堂外の庭に立て飾って仏菩薩を荘厳するものであるが、その発生や意義には諸説がある。『阿含経』では婆羅門《ばらもん》が人に勝るの法を悟ったとき屋上に幡をたててこれを四方に告知したといい、『維摩経』で

は外敵を破るとき勝幡を立てるが、道場の魔を降伏させるのも同様であるとして、戦勝幡が転じて仏教の降魔のしるしとなることを説いている。（中略）インド発生の幡が中央アジアから中国にかけて盛んに用いられた（中略）これがやがてわが国に伝えられたことは欽明天皇一三年（五五二）百済から仏像や経論とともに「幡蓋若干」が贈られ、また推古天皇三一年（六二三）に新羅から仏像や塔などとともに「大灌頂幡一具、小幡十二条」が贈られた（ともに『日本書紀』）ことによってもしられる。（中略）わが国で多く用いられる幡の形式は、およそ人体になぞらえてその名称がつけられている。すなわち頂上に三角形の幡頭をつくり、それに細長い幡身をつらね、幡身はいくつかの坪に区切って、坪の左右に二本ずつの幡手を出し幡身の下端には数条の長い幡足を垂下するのを通則とし、古い遺品では幡頭の頂上から舌を吊すものもある。しかしこの形を鳥の姿にもとづくとする説もある」とあります。

尚、本願寺においては、毎年の龍谷会（十月十五、十六日　大谷本廟）において持幡童が礼盤の所に用いる幡を持って庭儀に参列しますが、平成二十三年（二〇一一）

の親鸞聖人七五〇回大遠忌法要の際には、六五〇回及び七〇〇回の大遠忌法要の先例に習い、御影堂門前は新調された幡（約六メートル）が、阿弥陀堂門前の幡（約四メートル）及び御影堂内の幡は七〇〇回大遠忌法要に用いられたものを修復して用いられました。

仏華のこと

『仏教大辞彙』には「仏前に供うる華のこと。供花又はお花とも云う。草花或は樹枝を瓶に挿みて供うるを例とす。又時々取り代うる手数を略する為め造花を供うることあり、之を常花《じょうか》と称す。常花は主として紙・木・真鍮などにて蓮華・荷葉を造り、金箔を押せるものを用うるも時花を少数の種類を除き大抵のものは之を用うるを得べし。又樒は青蓮華に似たりとて之を貴び、松等の常盤木を用う。仏前に香華を供うべきを諸経論に見え、釈迦牟尼仏は前世に在りて菩薩行を修せし時五茎の青蓮華を求めて然燈仏に供え、来世成道の記を受けたりと云う。然るに印度にては多く散華華鬘の類として用い、或は花輪を取りて座牀の前に並列し、水瓶の口を覆うに過ぎず。(中略)盛大なる法会などには前卓の花瓶に壮麗なる供花を設く。之を立花と称す。立花は挿方の広略に依り真・行・草の三品あり。其大略を示さば中央に高く秀づるは心にして之に添うて稍低く小心を設く。小心の下方は胴と称す。心の左に添・控・控下を設け、心の右方に御輿・受・受下・流しあり。又胴の前に前受を附す。以上を要部とし、之に諸種のあしらいを附加して外観を美ならしむ」とあります。

又『法式規範』には「供華は、尊前に花などを供えて荘厳することをいう。上卓(須弥壇上の卓)の華瓶には樒を立てる。樒がない場合は、その他の青木を立てる(色花は用いない)。また、前卓の花瓶には立花式の立て方をするが、平常時には松(捌真《さばきしん》)・檜などの青木を真にして、四季に応じ色花をさしまぜて「つかみ挿し」とする」とあります。

『法式規範』にはさらに立華の真について捌真・巻真・笠真・梅真の四種を上げています。又、松一式は本山の恒例法要においては立教開宗記念法要や降誕会などお祝いの法要に用いられますが、平成二十八年（二〇一六）十月一日からの第二十五代専如門主伝灯奉告法要にも五具足の松一式が用いられ、特に第一期の御影堂には四十数年ぶりと言われる「徐真《のきしん》」が用いられました。

『広辞苑』の「徐真」の項には「立花の真の枝が器の中心線上から左右のいずれかに出たもの。退真」とあり、五具足は一対の為、上部の松が左右対称に中央を囲むように立てられていました。

仏華はインドで使われていた供養具、すなわち敬いの心をもって仏様にお供えする香・華・灯のひとつであります。浄土真宗においても仏祖前に香や灯火とともにお花を供えます。真宗における お寺やお仏壇のお飾り（荘厳）は、すべてのいのちをわけへだてなく慈しまれる阿弥陀様のお徳のすばらしさを讃えるためのものであります（仏徳讃嘆）。お花もその一つでありますが、真宗では、それが仏様ではなく私たちの方に向いていることを、私たちにかけられた仏様のお慈悲を表していると味わっています。

浄土真宗の仏華は、仏前の荘厳でありますニ具足や五具足に用いられています。これらの形式はもともと、室町時代に現在のような床の間が作られるようになり、その飾り（床飾り）として用いられたものでありました。それが仏前の荘厳具として発展したのは、床飾りを広めた室町幕府第四代将軍足利義持より少し後の時期、浄土真宗では第八代宗主蓮如上人以後のことになります。しかし、香・華・灯の荘厳がそれ以前になかった訳ではありません。インドでは古来から用いられていましたし、第三代覚如上人の伝記を示した絵巻物である『慕帰絵』では、ある場面の背景として、机の中央に満開の桜をさした花器・右に香炉、左に燭台が描かれています。また別の場面の背景には、柿本人麻呂（絵像）・梅・竹という三幅の掛け軸の前に、中央に香炉、両側に花瓶が置かれている様子が描かれています。この花瓶一対のお飾りは、現在、本願寺の阿弥陀堂の法要時のご本尊前に、御花一対の中央に土香炉だけを置く「双華《そうか》」という独特の荘厳として残っています。

双華については『本願寺風物誌』にも「本山阿弥陀堂の本尊前は、平素は常香盤と礼盤が置いてあるが、御正忌、彼岸会等の法要の時は、この常香盤を取払って前卓を置き、その上に御花一対と中央に土香炉（登礼盤の時は上卓の火舎と置きかえる）を置くことになっている。この一対の御花を「双花」と言う。このように、前卓にローソク立を置かず双花だけの荘厳形式は、あまり一般には行われていないが、尊前の荘厳として、上卓の四具足に相対して、三具足や五具足などよりも簡素で、よく調和のとれた荘厳形式と思われる。これが何時頃から行われているか、委しくは未調査であるが、祖門旧事記などにも「両花」と名づけて、この形式をとっているから、それ以前からの古例であろう。恐らくは、三具足や五具足などより古いものであるらしく、由来するところは、供華の種類である一対の「荘厳花」の形式からきたものかと思われる」とあります。

生花は、元々は仏前の供花であったものが、書院造の発達につれて鑑賞的に眺められるようになり、花瓶と草花との調和、生花と座敷との調和、花瓶と花の立て方など工夫され、池坊流のような立花の形式へと発展したものであります。やがて浄土真宗の仏華もその作法に依るようになりました。

上卓の四具足の華瓶には樒、もしくは青木を用いることになっています。華瓶はもともとインドより香水を供えるものとして伝わったという説があり、樒が香木であるため華瓶に用いられたといわれています。従って華瓶に色花は用いません。なお、インドでは華瓶に挿す花にもっぱら青蓮華を用いたといわれ、青蓮華と樒の葉の並ぶ形が似ていることから樒が用いられたともいわれています。

尚、『仏教大辞彙』には、『蘇悉地経《そしつじきょう》』（真言宗の経典）巻上（供養花品）を引用して、諸尊に献ずる華の種類を述べる中、「臭花・刺樹生花・苦辛味及び木槿花《むくげ》等の如きは供養すべからずと云えり」とあり、浄土真宗においてもその教えにそって、臭花（臭いにおいのする花）・刺樹生花（刺のある樹の花）・苦辛味（苦く辛みのある花）及び木槿花（あさがおの別名）などは用いないようにしています。

又、葬儀に用いる紙華については、『真宗事物の解説』に「葬式の時に棺前に用うる、紙製の華を紙華といい（または四華ともいう）、これ釈尊、抜提河《ばつだいか》の西岸にて入滅涅槃せられる時、まさにその側に立てる、沙羅双樹《さらそうじゅ》、八本あり、そのうち四本は枯れ、四本は栄えたりと、かくの如き説あるを理由として葬儀の時の供華に用い、一瓶に四本ずつ両方に供え、合せて八本となし、白色青色の色を別けて四枯四栄の意を表するものである」とあります。

仏旗の色

『仏事の心得』には「仏旗の創始者」として「北米合衆国の陸軍大佐オルコットは、「セイロン島」に渡って、仏教信者となり、神智学会を組織して仏教研究の機関としました。同大佐の創案で、仏教国の旗として六金色旗《ろっこんじきき》がつくられたのが、起源であります。明治二十年（一八八七）、わが国に来た時、伝えたもので、以来、わが国でも各宗に用いられるようになりました」とあり、「仏旗の由来」として「六金色とは、青、黄、赤、白、淡紅と、上記の五種混色をいいます（中略）釈尊が涅槃に入られた時、青、黄、赤、白、瑪瑙《めのう》、玻璃《はり》などの光明をはなたれ、あらゆる世界を照らしたまい、この光を受けたすべてのものたちは、みな苦しみと迷いの全部を除かれたという経文によったのであります。六金色中の瑪瑙は淡紅であるところから、淡紅色を用います。第六の玻璃は七宝の一つで、「ハチカ」のことであります。水玉とも水珠ともいわれて、水晶のような無色透明ですから、色をもって表現するのは不可能ですが、透明なるが故に、よく他の五色を映し出します。したがって五色混合色としてあらわしているのです」とあります。

又、全日本仏教会では、その会報『全仏』で「仏旗には次のような意味があります」として「仏旗とは、仏教徒が仏教を開かれたお釈迦さま（仏陀）の教えを守り、仏の道を歩んでいく時の大いなる旗印となるものです。仏旗の色と形には、仏陀がそのすぐれた力をはたらかせる時、仏陀の体から青、黄、赤、白、樺及び輝きの六色の光を放つと『小部経典』というお経の中の「無礙解道」の項に説かれていることから、これらの色が使われています。また、次のようにも理解されています。青色は仏陀の髪の毛の色で、心乱さず力強く生き抜く力「定根」を表します。黄色は燦然《さんぜん》と輝く仏陀の身体で、豊かな姿で確固とした揺るぎない性質「金剛」を表します。赤色は仏陀の情熱、ほとばしる血液の色で、大いなる慈悲の心で人々を救済することが止まることのない働き「精進」を表します。白色は仏陀の説法される歯の色で、清純なお心で諸々の悪業や煩悩の苦しみを清める「清浄」を表します。樺色は仏陀の聖なる身体を包む袈裟の色で、あらゆる侮辱や迫害、誘惑などによく耐えて怒らぬ「忍辱」をあらわし、インド、タイ、ビルマ等の僧侶がこの色の袈裟を身につけています。この縦と横に重なり合う五色で表わされる仏陀のお姿と教えが、仏の道を進む私たちを励まして下さっているのです」とあります。

従って全日本仏教会もこの五色のものを「選定仏旗」としており、浄土真宗本願寺派においてもこの五色のものを使用しています。

しかし、もうひとつ青、黄、赤、白、黒（紫）の五色の仏旗がありますが、この五色については、『仏教大辞彙』の「五色」の項に「五種の色彩。普通に青・黄・赤・白・黒の五種を正色として五色と云う。律にては袈裟の染色には此五正色は俗の尚《とうと》ぶ所なるを以て之を避く。（中略）密教には専ら青・黄・赤・白・黒を用い、之を五大・五智・五佛・五方等に配当して表象する所の義ありとし、曼荼羅諸尊等の彩色に於て厳密なる法式あり」とあり、この五色は五色幕などに用いられる色で、六金色の無色透明の玻璃を除いた五色とは別のものであります。

従って五色を混同して五色幕のように、仏旗にも青、黄、赤、白、黒（紫）のものがありますが、青、黄、赤、白、淡紅（樺）の五色を正式のものとし、五色幕の五色とは別です。

法輪とは

『仏教大辞彙』の「法輪」の項には「仏所説の教は転輪聖王《てんりんじょうおう》の宝輪の如く向う所煩悩の怨敵を慴伏せしむるが故に斯《か》く名づけらる。仍《よ》りて仏の説法を転法輪《てんぽうりん》と称し、又別名を梵輪と称す」とあり、「宝輪」の項には「輪宝を見よ」とあり、「輪宝」の項には「梵語斫訖羅《かくら》（cakra）の訳なり。印度にては帝王の幖幟として用いられ、宇内を統一せる大王を転輪聖王と称したり。又国土の広狭により金輪王・銀輪王・銅輪王・鉄輪王の四種ありもいえり。釈迦牟尼仏の正覚を成就せるは無明煩悩に打勝って正義知識の光輝を放たんとするものなれば仏の説法は之を転法輪と名づけたり。転法輪とは正義の王国を統御するの義あり。仏の足跡を荘厳するに千輻輪を以てせるは、仏よく各地に遊履して妙法を弘宣するを恰《あたか》も国王が宝車に乗じて国内を巡治するが如き意義ありとせるなり。（中略）我国にて寺院の本堂又は門等に於て此輪形を柱に附添し、参拝者をして之を回転せしむるはもと是れ記号として仏堂に附せられしものゝ余風ならん」とあります。

又『浄土真宗用語大辞典』の「法輪」の項には「『無量寿経』巻上の「証信序」の八相化儀のところに「微妙の法を得て、最正覚を成ず。釈梵祈勧して、法輪を転ぜんことを請う……」とあり、宗祖聖人も『教行信証』「証巻」の還相回向の釈下のところに曇鸞大師の『往生論註』「観察体相」の文を引用され「仏諸の菩薩のために、常にこの法輪を転ず」とあり、「化身土巻」本の真門釈にも『華厳経』の文を引用され

「如来の大慈悲、世間に出現して普く諸々の衆生のために无上法輪を転じたまふ」とあり、法輪は dharma-cakra の訳で、仏の教法を転輪聖王のもっている輪宝にたとえた言葉である。仏の説法を転法輪といわれる。衆生の煩悩を砕き、一所にとどまらず次から次へと限りなく教化するから転法輪といわれる」とあります。

『岩波仏教辞典』の「法輪〔dharma-cakra〕」の項にも「仏の教え、仏が教えを説くことを〈転法輪〉という。cakra は戦車の車輪、古代インドの円盤型の武器、または支配領域を意味し、釈尊の説いた法（dharma）が威光をもって人から人へと遙かに広まることを喩えていると解釈される。転輪聖王が神秘的な〈輪〉（cakra）の威光で全世界を統一するという神話も、この〈法輪〉の概念とあいまって、仏典内でいっそう発展した」とあります。

さらに『図説佛教語大辞典』の「法輪」の項には「九輪《くりん》とも。輪は、バラモン教においては戦車の車輪、武器の一種、また太陽の象徴として言及される。仏教では釈尊あるいは仏法の象徴として礼拝の対象とする。仏法が転じて他に伝わることを車輪にたとえたもの」とあります。

前卓と筆返し

前卓について『仏具大辞典』には「前卓（中尊用）須弥壇前におき五具足（三具足）をおく卓。六鳥形（三重地覆）、三鳥形（二重地覆）。前卓（祖師・中興用）祖師前または中興前の壇上におく（脇壇の前の内陣床上に直接高い前卓をおくこともある。また、余間用として用いられる）彫入り（持送りは牡丹文、欄間は菊おうむ・牡丹孔雀・松白鶴文）、筆返し付巻軸形」とあります。

又『建法幢』には「前卓に打敷、水引の荘厳をする場合は筆返しを外す（大枠、中枠には当然のことながら、筆返しはついていない）その際、上卓の筆返しも外す」とあります。

『法式規範』には「水引は、法要のとき板敷きに直接置いた前卓の打敷の下にかける装飾布」とあります。

以上のように、床に直接接する前卓には水引を用い、その場合は箱型の前卓の為筆返しは撤去しますが、打敷だけの時は前卓はそのままでありますので筆返しは撤去しません。しかし須弥壇上の上卓や脇壇の壇上の前卓の場合は打敷だけで水引は使用しませんが、壇上の場合は筆返しは撤去します。ようするに床に直接接する前卓のみ打敷だけの時は筆返しを撤去しません。

幕のこと

幕については『仏教大辞彙』に「長布を綴《つづ》り合せ、区割又は荘飾に用うるもの。幔《まん》幕《まく》又は帳帷《ちょうい》と称し、庭儀の際などに設くる幄《あく》舎《しゃ》は幕を応用せるものなり。（中略）現今多く用いらる、は仏事の際などに仏堂の前面・両側を覆い、来客の出入する玄関に之を張るものにして丸紋を染め出すを例とす。上には二尺程の間隔を置きて乳を設け、之に三つ縒《よ》りの縄を通して高く掛け、中央を絞り上ぐ。小なるは三幅より大は五幅乃至八幅を以てすることあり。黒白を交互に縫い合せたるを鯨幕《くじらまく》と称し、又緞子《どんす》の五色幕を用うることあり」とあります。

一般寺院では法要などで五色幕を用いることが多いですが、本山では青・赤・白の三色であり、これは『本願寺派勤式の源流』の「宗祖大師六百五十回大遠忌法要〔明治四十四年（一九一一）〕のところに「米国・清国その他海外居住信徒から寄進された青赤白三色の緞子幔幕を張りめぐらせ」とあり、この時以来本山では三色の幕が用いられるようになり、現在に至っているようです。

尚、平成二十一年（二〇〇九）の御影堂の平成大修復完成奉告法要に際し、新しい幕が寄贈されましたが、それは絹の生地を金茶色に染め、迦陵頻伽《かりょうびんが》と天女が描かれ、全体の下の部分には波模様を金箔であしらった京友禅染であり、それ以降毎年宗祖降誕会の時のみは御影堂にこの幕を用いています。

翠簾《みす》のこと

『法式規範』の要語の解説の「翠簾」の項には「内陣と余間または外陣、余間と外陣などの境界にかけるすだれ。すべて内側に巻き上げ、こまる鉤《かぎ》を内側から外にかける」とあります。

又『勤式作法の書』では本山の翠簾について「翠簾は骨は黄染細割り、浅黄縁で、房も白赤黒三段染分けの緒の切房であり、金物は厚口菊唐草紋様を彫刻し、本金鍍金、小金具付で、喪の場合には、白縁で白房又は白浅黄房になります」とあります。

さらに『仏教大辞彙』には「長さ六尺程の細き割竹を編み四方に幅一寸余りの縁《へり》を付けしもの。神社・仏閣などにて内陣の前面に掛くることあり。簾《すだれ》の類にして之より稍《やや》巧なり。縁は青絹等を用い、同一の布にてまた編みたる上を覆う。これを巻き上ぐる時は左右二箇所を鉤《かぎ》にて止め置き、飾紐にて鉤を覆い、紐の下端に総《ふさ》あり。これをコマルと呼ぶ。蓋し是れ鉤丸緒《こうまるお》の訛《なまり》なるべし。総は精選せる麻を用い。白赤黒の三段に染め分くるを法とす。禁裏・将軍家にては紫総を用い、平人は黄赤黒とせり。和漢三才図絵巻三十二に「按ずるに釣簾は、極めて細き籖竹の簾なり、その縁は綾・純子を以てこれを縫包し、真紅糸の総ありて端に鉤あり、以て巻簾を掲ぐ、その簾は青翠色なるが故に翠簾と名づく、宮殿神前にこれを用う。神前の釣簾は梱外に掛け、尋常は梱内に掛く」と云えり」とあります。

『仏具大辞典』の「翠簾」の項に「平安貴族の室内調度品として用いられていたものです。「すだれ」ともいう。竹を細く割って編み、この竹が新しい時は青いので翠簾《すいれん》ともいい、御殿の簾《すだれ》という意味で尊称し御簾《みす》とも称される。これが仏殿における荘厳具として、水引などと同様の目的で用いられるようになったものである。上部片面には帽額《もこう》と呼ぶ幅広の金襴錦をつけ、同じ材質で中縁、両端縁がつけられる。また帽額には巻き上げるための鉤・吊り紐・飾り房（総角と総称する）をつけるが、内陣側に帽額正面、揚巻がくるようにして内陣側より巻き揚げた形で用いるのが普通である」とあります。

さらに『仏教法具図鑑』の「翠簾」の項にも「長さ六尺（一八〇センチ）程の細い割竹を編み、四方に幅一寸（約九センチ）余りの縁を附け、荘厳具として内陣の前面に懸けられる。縁は青絹等を用い（荘厳具として金襴を用いたものもある）、同一の布をもって、編んだ上を覆う。巻上げる時は左右二箇所を鉤で止め、飾紐で鉤を覆い、紐の下端は総《ふさ》で飾る。これをコマル（鉤丸緒のこと）と呼ぶ。総は精選した麻を用い、白赤黒の三段に染め分けるのが法である。平安貴族の室内調度品として用いられていたものであるが、仏殿荘厳の具としても用いられるようになった」とあります。

来迎柱《らいごうばしら》のこと

須弥壇の両奥で、壁に接している太い柱を他宗では来迎柱と言いますが、これについて『国史大辞典』には「仏堂の本尊後壁を来迎壁といい、その左右の柱を来迎柱と呼ぶ。一般の柱より二割ほど太くする。弥陀来迎から出た名であろうが、鎌倉時代の初めまでは来迎壁も仏後壁といっており、いつごろから行われた語か明らかでない。室町時代の禅宗建築では大晃柱（『南禅寺文書』）、大広柱（『円覚寺文書』）といい、江戸時代の大工書『建仁寺流家伝書』によれば禅宗建築では光柱《ひかり》、他では来迎柱とし、又『匠明』には来迎柱とだけある」とあります。

又『建法幢』には「台高柱（大高柱）を他宗では来迎柱と言うが、本派では来迎という言葉を避け、台高（大高）と言い換えたと思われる」とあります。

礼盤の形

本願寺の礼盤には、阿弥陀堂で用いられている猫足型と御影堂で用いられている箱型の二種類があります。

『本願寺派の荘厳全書』には本願寺の礼盤を説明して「箱型礼盤は各種修法壇のうちの箱壇と称されるものと基本的に同型であり、もともと箱型修法壇と一組で用いられた型式である。修法壇には箱壇の他に牙壇《きば》と華型壇などがある。牙壇とは天板の下に四脚をつけたもので、脚は外向けに牙のように反り出しているので、この名があると言われる。従って猫足型礼盤はこの牙壇と組で用いられた礼盤に由来するのではないか。なお、補強のために四脚の下に地覆（下框《かまち》）をつけたものが、今日では一般的で、本願寺阿弥陀堂の礼盤もこの形式である。華形壇は壇の四周に、上段に蓮弁、下段に反蓮弁を彫刻して下に框をつけたもので、これを根本様と言い、根本様の下に箱壇をつけたものを発達壇と言う。真宗木辺派本山錦織寺では、箱型礼盤を用いるが、両堂には発達用華形壇の形に由来する礼盤を用いている。なお、大派は箱型礼盤のみを使用する」とあります。

『仏具大辞典』の「箱型礼盤」の項には「密教で用いる箱壇や、建築でいう壇上積基壇を小形に作ったもので、上面に方形の天板を張り、四側面は上下の框の間に束《つか》を立てて各面を二間《ふたま》に区切るのが普通であるが、中にはこれを三間《みま》とするものや、一間《ひとま》仕立ての品もある。その各間に格狭間《はざま》をつけるものとつけないもの、また格狭間の中に孔雀文を入れるもの、連子を刻むもの、あるいは蓮華文や獅子、牡丹文などを刻んだり描いたりして飾るものなど種々ある」とあり、「猫脚礼盤」の項には「密教における牙壇のように天板の四隅の下に反り出した四脚を備えるもので、重量を支えるため足は太く短く作られ、形は金剛盤の足と同じく断面を将棋の駒形とし、爪先を蕨手《わらび》状に反らせるのが普通である。また天板の四隅は入角《いりすみ》式に刳《く》り込みをつけることが多い」とあります。

又『仏教法具図鑑』にも「箱形礼盤」の項には「形は壇上積基壇を小型に作ったものと見ればよい。上下に框を置き、上面には方形の天板を張る。四側面は上下の框の間に束を立て、各面を二間に区分する。或は三間に区分したり、一間そのままのものもあるが、普通は二間とする。各間には格狭間をつけ（但し、つけない場合もある）、その中に獅子、牡丹文、蓮華文、孔雀文などが刻まれる。前述せる如く、礼盤の四面に、一面に二匹づつ獅子の刻まれたものを、八獅子礼盤と呼び、正面のみ一獅子を刻んだものを一獅子礼盤と呼んでいる」とあり、「猫脚礼盤」の項には「天板と脚とから成る。即ち天板の四隅の下に反り出した四脚を備える。この脚は重量を支えるため、太く短く作られ、断面は将棋の駒形とし爪先を蕨手状に反りをつけるのが普通である。又、天板の四隅は入角式とすることが多い」とあります。

龍のこと

寺院の灯籠などに龍がよく用いられますが、その理由について『考信録』には「龍は護法の功あり。また鱗甲《りんこう》の首にて。徳勝れたる霊物ゆえに。世には天子のことを。みな龍を以て称せり。又水に棲《す》むものにて。水の縁より鎮火の義をも含めて。これを用いるならん」とあります。

歴代御影・双幅のこと

『法式と其故實』には「本願寺で御歴代の御影を掲ぐる始めは蓮如上人に始まる」とあり、又「寂如上人の頃までは御歴代の御影は南余の間にかけられたのを貞享元年（一六八四）七月十八日、覚如上人の御祥月から寂如上人は、内陣の右の脇壇にかけ改められたのである」とあり、『大谷本願寺通紀』の貞享元年七月の項にも「十八日修㆓覚宗主忌㆒。旧例安㆓真像於南余間㆒。改掛㆓内陣右脇㆒」とあります。

又『法式と其故實』には「御歴代の連座御影は証如上人以前は一幅であったが、証如上人以後は二幅とせられたのである」とあり、『実悟記』に「代々御影を二幅にさせられ候事、証如前住御往生已後、祐誓慶壽院殿させられたる事候。前には一幅に七代の御影入候き。八代に御成候間とて、二幅にさせられたる御事にて候歟《や》。他流などには七代の外、別に書事候由申。但如何事候哉」とあり、又「代々の御影二幅に成申候事は証如御往生候てより慶壽院殿鎮永の御料簡候。前は一幅に六代御入候つる事候。其後二代御影のせ被申て、八代御入候事にて候。天文廿三年（一五五四）以来事候」とあり、『大谷本願寺通紀』の天文二十三年（一五五四）八月十二日の項に「斯時分㆓列宗主蓮座画像㆒以作㆓両幅㆒。原出㆓於慶壽院意㆒。遂成㆓永式㆒」とありますが、慶壽院とは証如上人の母上のことであります。

又正月の荘厳について『法式と其故實』には「修正会正月一七日間、代々の御影を尽《ことごと》く両余間にかゝげられて御鏡をすえられるのが故実である」とあり、『実悟記』に「正月初一七日の修正の時代々の御影こと〴〵く懸候時、御鏡参にみな〳〵御前に卓をかれず、かんながけに御鏡すはるに、前住の御まへも同様に候を、此近年前住の御まへには卓をかれ候事、古へ見及申さず候、注置候物にもこと〲くの御前と同前に卓なしと注置申候」とあります。

さらに衣の色について『法式と其故實』には「元和三年（一六一七）四月十四日始めて、実如、証如、顕如准如の御影の御衣の色を緋色としたのである」とありますが、『大谷本願寺通紀』には天和三年（一六八三）の項に「四月十四日改㆓実・証・顕・准四師画像衣色㆒作㆑緋」とあり、『本願寺年表』にも「天和三年四・十四　実如・証如・顕如・准如の影像の衣色を緋に改む」とあり、正しくは天和三年でありましょう。又『本願寺風物誌』の歴代の影像の所で、「歴代の影像が二幅に収められて連座の御影として奉懸されている。この二幅の御影のことを「御双幅」と申している。さて、このような形式は、山科本願寺の実如上人の時代にすでに行われていて、『実悟記』によると、当時の御影堂には、中央には宗祖聖人、向って右脇には前住である蓮如上人と蓮祐母公、左脇には二代如信上人から七代存如上人までの六師の歴代影像が一幅に収められて奉懸されていた。そして、その後は世代があらたまるごとに、左右両脇壇の御影は全部新しく調製して奉懸される例となっているのであるが、今のように、御双幅になったのは、十一代顕如上人の代からである」とあります。

蓮台の色

蓮台については、『仏教大辞彙』には「蓮華台の略称。華台又は蓮華座・華座とも云う。仏菩薩の所坐なる蓮華の台座のことなり。是れ蓮華には汚泥に生じてこれに染まざる等の徳あるに由り、仏菩薩の台座として其穢国に居りて離塵清浄神力自在なることを示すに足るが故なり」とあります。

『本願寺風物誌』には「本山阿弥陀堂の本尊の蓮台は青蓮華であり、大谷本廟の本尊のは白蓮華である。一般末寺の本尊は金蓮華が多く、御絵像は青蓮華となっているのが古来の例である（中略）経論には、優盋羅華《うはらけ》、拘物頭華《くもづけ》、盋曇摩華《はどんまけ》、分陀利華《ふんだりけ》の四種の蓮華が説かれてある（中略）この中で青蓮華（優盋羅華）は、香気殊に富み四方に芳しと言われていて、大経にも「口気香潔、如優盋羅華（口気は香潔にして、優鉢羅華のごとし（註釈版二七頁）」と説かれてある。又、白蓮華（分陀利華）は四種の中でも最も高貴のもので、色は白銀の如く、その光りは衆目奪い、香りは四方に満つるとされ、観経にも「若念佛者、当知此人、是人中分陀利華（もし念仏するものは、まさに知るべし、この人はこれ人中の分陀利華なり（註釈版一一七頁）」と念仏者を分陀利華にたとえて説かれてある。このように、青、白の蓮華は他に優れているので、本山の蓮台とされたものであろうか」とあります。

又、『仏事の心得』にも「蓮華には、四種類あり、それぞれその名を優鉢羅《うとばら》＝青、拘物頭《くむだ》＝黄、波頭摩《はどま》＝赤、分陀利迦《ふんだりか》＝白と言い、経典などに蓮華と説かれていますのは、分陀利迦の大白蓮華を指しています。（中略）本山阿弥陀堂のご本尊の蓮台は青蓮華で、大谷本廟の蓮台は、白蓮華でありますが、一般に下付されます御絵像の蓮台は青蓮華が用いられているようです。また、ご木像は、金蓮華が通例となっています」とあります。

『考信録』には「本山本堂の中尊の蓮台は。青蓮にして。華葉に金色の宝珠あり。大谷の蓮台は白蓮にして。華葉の端少し赤し。山科も青蓮なり。門下へ賜わる絵本尊みな青蓮なり。但し末寺へ賜わる木仏は金蓮なり。各々所由あるべし。華座観の説相を考るに。蓮華葉ことに百宝色を作するとあれば。純一色には非ず。葉間に。摩尼珠ありと説けり。華葉の金珠これを表するか。散善義の巻尾の霊感の記には。見㆘阿弥陀仏身真金色。在㆓七宝樹下金蓮華上㆒座㆖とあり。法事讃には。行者見已心歓喜。終時従㆑仏座㆓金蓮㆒とあり。金蓮になすもの。此等の文に合せり。白蓮は芬陀利なり。法華・悲華両経を譬《たとえ》に取るや。観経に念仏者の嘉称とするや。並に上々華の徳より起れば。これまた仏座の蓮たるべし」とあります。

『浄土真宗聖典（註釈版）』の補注の「分陀利華」の項には「本願を信じ念仏するものは阿弥陀仏の本願に随順し、釈尊の教説に随順し、諸仏の教意に随順するものであるから、真の仏弟子といわれ、また分陀利華（白蓮華）に喩《たと》えてほめたたえられている」とあります。

蓮如上人御影の衣の色

蓮如上人御影は、現在参拝教化部では、在家免物は色衣でありますが、寺院免物（寺院の内陣に奉懸します）は、希望により、黒衣とどちらでも可能となっています。それはいつ頃からかについて『考信録』には安永元年（一七七二）のところに「近世は諸末寺に安置せる蓮師黒衣の影像。もし由ありて本山へ呈上するときは。引替えて綵衣《さいえ》の影像を賜わること定式なり。近来また綵衣の鳶色《とびいろ》なりしを改めて。柳色のごときになれり。然れども門侶は黒衣の旧像を愛重して。引替を欲せざる類《たぐい》あり（中略）去冬准如上人の遠忌に。黒衣の小像を画せしめられたり。この事高聴に達せしにや。頃年引替の式を停止せられたりとぞ。安永戊戌（一七七八年）の春。一條浄教寺。蓮師画像金襴表具修補の節。もとの黒衣の像のま丶にて免許ありと云」とあります。（綵衣とは、あやぎぬころもと言うことで、美しい色取りの衣の意味から色衣のことをさすのでありましょう）

以上のように、第十七代法如上人の頃に寺の蓮如上人御影はそれまで黒衣であったものを綵衣（色衣）を定式としましたが、旧来の黒衣のものを望むものが多く、色衣への引換の式を停止したともあり、その後いつの頃か、色衣・黒衣のどちらでもとしたのではないかと考えられます。

蠟燭のこと

蠟燭の起源と変遷については『仏教大辞彙』には「蠟にて造り灯明に用うるもの。仏前の灯明には油火と蠟燭とを併用する。櫨《はぜ》・漆《うるし》などの実より採れる生蠟を細長く固め、中に心（炷）を挿《はさ》みて之に点火す。蠟燭を立つる台を燭台と称し、俗に蠟燭立とも云う。支那にては何れの頃より作り出せしか詳《つまび》らかならざれど国清百録巻二に燭一百挺・蠟燭十挺など見えたるにて隋・唐代には既に使用せられたることを知るべし。（中略）古は蠟燭の製造困難なりしと式事には油火を尊ぶ風ありし為め後に至るまで之を用うること稀《まれ》なりしなるべく、漸《よう》く室町時代の書には蠟燭の事散見せるも当時は舶齎品にあれ、国産品にあれ、尚お近世の如く得易からざりしなり。（中略）江戸時代には会津を始として九州にては肥前・筑後の如きも産出多く、その種類も小は二匁《もんめ》掛けより百目掛・二百目掛・五百目掛等の大に至るまでの区別あり。通例の生蠟燭の外に朱掛なるあり」とあります。

また『仏事の心得』にも「蠟燭は、櫨《はぜ》（〃はじ〃とも呼ばれる）うるしの実より採った生蠟を、こよりと灯心とをからみ合わせた〃しん〃に塗って作ったものでありま す。（中略）中国において蠟燭が作られたのが、いつの頃かは分からないようですが、随・唐の時代には、すでに使用されていたと伝えられています。ここで使われた蠟は、蜜蜂《みつばち》の巣から採った蜜蠟《みつろう》であったようです。（中略）わが国では、一般に広く使われなかったのは、蠟燭が輸入品であり、ひじょうに高価なものであるとともに、量的にきわめて少なかったことが考えられます。また、式事などには原則として油火を尊ぶ風習があったために、蠟燭を広く使用するようになったのは、かなり後の時代だったと申せましょう。（中略）本願寺第三世の宗主である覚如上人ご在世当時の様子を追懐されて、上人のご次男である従覚上人が、観応二年（一三五一）に著わされた『慕帰絵詞』（全一〇巻）の第八巻に、覚如上人が、御孫君と和歌を贈答されている描写がありますが、その中に、みごとに咲いた桜の花をさした青磁の花瓶と香炉と蠟燭をさした燭台があります。このことからも、室町時代初期には、蠟燭が用いられていたことが推察されます。（中略）江戸時代中期になりますと、蠟を絞りとる原料の櫨の木が幕府によって栽培が奨励し始められました。この結果、安価な蠟が手に入ることになったのです。特に、会津・阿波・肥前・筑後などでは、その産出量も多く、全国の需要に応じられるようになりました。このような状況の中で、蠟燭が急速に普及し始めました。需要を促進した理由のひとつは、従来の油火は、動かせば、油皿から油がこぼれ、炎が細くなるため、何回も灯心をかきたてなければならないという煩《わずら》わしさがあったわけです。蠟燭は、燃え尽きてしまうまで放置することが出来る上に、油火よりも明るく、一定の光量を保つことができたわけです」とあります。

『慕帰絵詞』に描かれている蠟燭は朱蠟でありますので、既に朱蠟が用いられていたことが分かりますが、当時はまだ生蠟燭である白蠟が主であり、江戸時代になり価格が安価となるにつれて、朱蠟が多く用いらるようになりました。

【おつとめの部】

意訳勤行の回向句

回向句の御文は「ほとけのみ名を聞きひらき　こよなき信をめぐまれて　よろこぶこころ身に得れば　さとりかならずさだまらん」でありますが、この御文の原文は『浄土文類聚鈔』の結嘆の御文である「聞真実功徳　獲無上信心　即得大慶喜　獲不退転地」であります。

この漢文の御文は「二門偈作法」の回向句や「仏事勤行　仏説浄土三部経」の阿弥陀経の回向句としても用いられています。

その意訳は、『浄土真宗聖典（註釈版）』によると「真実の功徳を聞き、無上の信心を得《う》れば、すなはち大慶喜《だいきょうき》を得《え》、不退転地《ふたいてんじ》を得《う》」でありますが、これを昭和二十六年（一九五一）に意訳勤行を制定した際に現在の御文としました。

往生礼讃の順序など

『わが国における往生（六時）礼讃声明の歴史的展開と現状』には《初期博士本時代》（十五世紀—十七世紀中葉）のところに「綽如直後といえる一四〇一（応永八）年の識年と博士を持つ「往生礼讃偈」（写本）が現在、西本願寺に残されているのである。そして、この礼讃本の中に「黒谷（浄土宗）本」からの引用の書き込みが数カ所あることも、当時の礼讃事情をうかがわせるものがある。その上、この礼讃本とほとんど同じ博士を持つところの別の礼讃本が、伝法然上人直筆本として浄土宗の檀王法林寺に蔵されている。この礼讃本には識年を含む奥書は無いが、少なくともこの期を下らないものと考えられる。これらの状況から、この両宗が同じ礼讃本、同じ旋律を共有していたであろうことが推測されるのである。しかし、この二つの礼讃本のあと、博士を持つ礼讃本は、二八〇年の間、これを見いだすに至っていない。すなわち、一六八一（延宝九）年に現われる礼讃本『蓮門課誦《れんもんかじゅ》』がそれであるが、これを前記の二つの礼讃本と比較するに、「重」と博士に関しては一脈通じているところがあるとはいうものの、その間に大きな変化のあったことを示している」とあり、《蓮門課誦・浄業課誦の時代》（十七世紀末—十九世紀初）のところに「一七七五（安永四）年になると、真宗の礼讃本として明確な標題を持った『浄土真宗礼讃偈』が現われる。ところが、この礼讃本の博士が、蓮門課誦とほとんど同じなのである。すなわち、博士についても、また晨朝から始まる礼讃の六時の配列を踏襲している点でも、この『浄土真宗礼讃偈』は蓮門課誦を底本としているということができるのである。そして、この礼讃本とほぼ同じころのものと思われる別の『往生礼讃偈』が、当時の真宗学僧玄智によって出されていることは注目すべきことである。そこでは礼讃偈の順序を日没から始めている点が真宗礼讃偈と異なっているが、博士について見れば、これまた蓮門課誦を踏襲しているのである」とあり、又《多様化の時代》（十九世紀中葉—現代）のところに「真宗本願寺派のものとしては、一九〇一（明治三四）年にも『礼讃偈』がでているが、これも安政六年本にもとづいたもので、順序も晨朝から始まっている。本願寺ではその後、一九三一（昭和六）年から声明改革に乗り出し、一九三三

（昭和八）年には新しい『往生礼讃偈』が出される。この礼讃本は日没から始まっており、いわば前期の玄智本がここに採用されたといってよかろう。これが現在の同派の定本となっているのである」とあります。

以上のように現在の御蔵版『往生礼讃偈』は昭和八年（一九三三）発行のものが定本となっていますが、江戸時代の玄智師による『往生礼讃偈』の博士や順序（日没偈～日中偈）を踏襲しています。

しかし、その前の明治三十四年（一九〇一）発行の『礼讃偈』（澤圓諦編纂）では、博士は玄智師と同様に延宝九年（一六八一）に現われる『蓮門課誦』を踏襲していますが、順序は晨朝偈～後夜偈と『蓮門課誦』と同じで玄智師とは異なっています。

又、「無常偈」の位置が、『浄土真宗聖典（原典版）七祖篇』では七五二頁より日没から日中までがまとめて置かれていますが、『礼讃偈』では各偈に別れて置かれていて異なっています。これは『礼讃偈』には前序・後序を用いないことや、念仏・回向を挿入することなど『往生礼讃』がお勤めとして用いられた際、その構成をする上で位置などに差異が生じたものと推察されます。

漢音小経のこと

『仏教大辞彙』の「漢音小経」の項には「漢音にて阿弥陀経を読誦すること。其読誦の法はもと慈覚大師支那五台山より伝え来り、叡山の常行堂に於て之を修せり。古事談には「例時の弥陀経とて慈覚大師入唐の時、五台山北堂普通院に至りて生身の文殊菩薩に値いたまい、八功徳池の浪の音に唱えける曲調を得て引声の弥陀経同じく念仏を授かりたまえり」と云えり。爾来天台のみならず、浄土及び真宗等に伝わり、真宗各派何れも之を依用す」とあります。

さらに、「読経」の項にも「読経には通例呉音を用うるも稀《まれ》には漢音を用い、或は訓読することあり。呉音は仏教始て我国に伝われる頃より用いられしが、延暦十二年（七九三）には制を下して漢音の誦経を奨励せり。而《しこう》して旧習は容易に一変し難く多くは呉音を以てせり。比叡山の円仁、入唐せる時五台山より伝うる所なりとて古来漢音の阿弥陀経を読み習わせり。天台宗並に真宗（本願寺派）にて例時作法の際に読む所是れなり。平安朝の中葉には法華経・遺教経・阿弥陀経等に限り之を訓読せることありしが如く、経本に乎古《こ》止点を付し、或は延書の経本を用いたり。法然上人行状画図巻四十四に依るに上人はもと毎日阿弥陀経三巻を読み、一巻は呉音、一巻は唐音（漢音）、一巻は訓読を以てせしが、後には一向称名の外他事なかりし由見えたり」とあります。

又、『考信録』には「漢音小経の事は。実悟記四十一云。御本堂の阿弥陀経は嵯峨本とて。弥陀経のすり本候。漢音を付たる本にて候。綽如上人あそばされたる阿弥陀経を披見申候つるにも。嵯峨本の如く御付候て。如レ此さが本の如く。毎朝すべしと。奥書にあそばしおかれ候き。此本は漢音ばかりに非ず。呉音も少しまじり。唐音もあり。くだらよみとて。聖徳太子の百済国《くだらこく》より取寄られしよみにて候間。くだらよみと申にて候。当時はちとかわり申候歟《や》。古に円如上人御稽古候つる。件《くだん》のさが本にて御稽古候き。当時は呉音多くまじりたるように候。　実如上人の時。本堂にて小経読誦ありしこと。実悟記七十一に出たり。たゝ経を始られとあれども。條箇に阿弥陀経初様の事あれば。小経なること知ぬべし今時読み伝る様は。蓮門課誦西山徒慈空作に載する国字読を付けたる同じ。但し今家には。若一日等の日の字。及六方諸仏名の仏の字を略す。金口の文字を省くこと。何なる故のありけるにや。未審し。又漢音小経の舌々毎朝本堂にて読誦なりしかども。安永元年（一七七二）壬辰の正月九日より傍廃ありて。代々讃佛偈を以てす。祖堂の正信偈の舌々も。同時に廃閣せらる。今按ずるに。漢音小経は例時作法の引声小経の略なるに似たり。絵詞伝二十四初載二吉水師言一云。阿弥陀経は所々の道場に。みな例時とて毎日毎日必ずよまずという事なし。事の興《おこ》りを尋れば。叡山常行堂より出たり。かの常行堂の念仏は。慈覚大師渡唐の時。将来したまえる勤行なり」とあります。

「帰命」の「う」の発音せぬこと

和讃などを唱える場合に「帰命」の「みょう」の「う」を発音せず、「みょー」と読むことについて、『実悟記』に「『浄土和讃』の終に「帰命せよ」の「命」の字、「う」のかなをはりて申はわろし、「うせよ」ときこゆ、聞わろし。「う」のかなそとかろく云べしと仰也。加様事あまたありき」とあります。

「きみょうせと」と「う」を強く発音すると「帰命」「失せよ」と聞こえて意味を誤解されて聞こえるので、「う」を軽く付けなさいとのことでありますが、現今の勤行集や聖典などは、ルビを発音に従って記していますので、従来からの読みに基いて「きみょー」と記しています。

一時「う」を発音しないように「きみょお」と記していた時期もありましたが、これでは「お」が強調されすぎるので、現在は「きみょー」と記すことで統一しています。

「五十六億」の和讃

寺院や門信徒などの報恩講やおとりこしなどに「五十六億」の和讃（小本和讃一七

一丁右）がよく用いられます。

これは、宗祖聖人御真筆草稿本『正像末和讃』（国宝―高田派本山専修寺所蔵）は「五十六億」讃から始められてあり、第五首の和讃（一七三丁右）の「弥陀ノ尊号トナヘツヽ　信楽マコトニウルヒトハ」と『浄土和讃』の序讃（二五丁右）の「弥陀ノ名号トナヘツヽ　信心マコトニウルヒトハ」は「尊号」と「名号」、「信楽」と「信心」が異なるだけで同じであり、第六首の和讃（一七三丁左）の「五濁悪世ノ有情ノ」と『高僧和讃』の結讃（一五五丁右）の「五濁悪世ノ衆生ノ」は「有情」と「衆生」が異なるだけで後は同じであります。

同じ和讃を二度用いられたのはこの二首だけであり、その意味の深さからであろうか、古来この「五十六億」の六首は宗祖ご命日、おとりこしに用いるとされてきました。

「十二礼」の節のこと

『声明辞典』の「十二礼文」の項に「(一)〔天台〕「じゅうにらい」。漢語。五念門(礼拝・讃歎・作願・観察・回向)の中の礼拝門一二偈に旋律の付されたもので、天台宗の二十五三昧式の三句念仏と併用される和讃節と、例時作法の中で用いられる切《きり》音《ごえ》節と声明例時の中で用いられるところのいわば本節とでもいうべき平調律曲定曲とがある。

(二)〔真宗〕「稽首天人所恭敬……」の一二偈をとなえるもので、天台宗の例時作法に用いられる五念門の中の礼拝門である。龍樹造として迦才の『浄土論』に引用されている。本譜《ほんぷ》・切音・和讃節の三種の唱法がある。元来、天台宗の曲であるが、真宗でも多く用いられ、本願寺派では略譜を、興正派・誠照寺派では本譜を用いている。また本願寺派では正信偈・念仏正信偈・入出二門偈・十二光讃にも切音の譜を付し、讃佛偈・重誓偈・正信偈を意訳した勤行式にもおなじ譜を用い、さらに十二礼そのものも意訳してとなえ、本願寺派では切音十二礼の旋律が最も多く用いられている」とあります。

以上のように、十二礼の節は、元は天台声明の本譜、切音、和讃節の三種類でありますが、現在本願寺派では切音のみ使用であります。

尚、明治四十三年（一九一〇）発行の旧本には、本譜が『浄土三昧法』の中の「讃弥陀偈」に、切音が『例時作法』の「五念門」にあります。本願寺派では、元禄七年（一六九四）幸雄氏が本譜「五念門」と「天台大師画讃」の譜を合せて作譜し、江戸時代を通じて用いていましたが、明治三十九年（一九〇六）以降、切音「五念門」の譜（現在の十二礼の節《ふし》または文類《もんるい》の節と言います）で唱えられるようになりました。和讃節は御和讃・御詠歌の旋律に倣《なら》って作曲された天台声明の「五念門」「三句念仏」の旋律型でありますが、本願寺派では用いていません。

切音「五念門」が使用されるようになった時期は上記の通りでありますが、明治二十一年（一八八八）の「龍谷唄策《ばいさく》」には十二礼文として本譜で記されており、明治四十年（一九〇七）（柱本瑞雲編纂）及び明治四十三年（一九一〇）（澤　圓諦編纂）の「梵唄集」には念仏正信偈（文類偈）・二門偈・讃彌陀偈ともに切音「五念門」の譜で記されています。

正信偈において「善導」以下節が変わる理由

日常勤行の正信偈において「善導独明～」で節が変わるのは、蓮如上人が日常勤行として正信偈を用いられるようになった最初の十種正信偈の時代からのことでありま す。これは善導大師を親鸞聖人が七高僧の一人に挙げておられていることはもちろんでありますが、蓮如上人以前に日常のお勤めでありました『六時礼讃』を著されたことへの尊敬の意味が込められていると言う説があります。

また、善導大師がことのほか儀礼を重んじられ、仏教儀礼の基本であります読誦・観察・礼拝・称名・讃嘆供養の五正行を示されたことなどを敬って、節を変えわざわざ特異化してその存在を明らかにされたとも考えられます。

しかし、葬場勤行においては九句目の「五劫思惟～」で導師が独吟しますのは、昭和六年（一九三一）の正信偈のご改譜以前から葬場勤行では「舌々」が用いられており、その形を残したものであります。「舌々」は本来一句七言を全部読まずに抜いて読む唱え方でありますが、葬場勤行ではこの御文を抜いて唱えることはせず、「舌々」に限って「五劫思惟～」で導師が独吟する形を踏襲したものであります。

「正信偈の和讃」や「礼讃」の博士の位置

現行の正信偈の念仏和讃の節譜は昭和六年（一九三一）に改譜をされた際、礼讃（中夜偈）を元に節が付けられたものであり、正信偈の念仏和讃もそれに習って左右に付け分けています。

礼讃の博士の位置については、初重と三重は「甲様」で二重は「乙様」であり、「甲様」は右に「乙様」は左に博士を付けて区別されています。

現在の御蔵版『往生礼讃偈』は昭和八年（一九三三）発行のものが定本となっていますが、これは江戸時代の玄智師による『往生礼讃偈』の博士を踏襲しています。

浄土真宗の『往生礼讃偈』は浄土宗で博士を付した「礼讃本」として残っている『黒

谷（浄土宗）本』（伝法然聖人直筆本として浄土宗の檀王法林寺に蔵されるもの）及び延宝九年（一六八一）の『蓮門課誦《れんもんかじゅ》』を踏襲しています。

それらの本で既に博士を左右に付しているところから、「甲様」と「乙様」の混同を避ける為、左右に分けて付したものと考えられます。

新制勤行聖典（新制三部経）発行の経緯

昭和二十三年（一九四八）の蓮如上人の四百五十回遠忌法要を期に、当時ご門主でありました勝如上人も含む数名の委員で構成された「在家勤行制定委員会」において協議され、昭和二十六年（一九五一）四月の御認許を経て七月に『生活聖典』として本願寺出版協会から発行されました。

その内容は勤行篇、法語篇、解説篇、讃歌篇からなり、その勤行篇において、日常勤行として正信偈の意訳（しんじんのうた）、讃佛偈の意訳（さんだんのうた）、重誓偈の意訳（ちかいのうた）、十二礼の意訳（らいはいのうた）、正信偈和讃（行譜）があり、仏事勤行として新制の大無量寿経、観無量寿経、阿弥陀経、教行信証が掲載されました。

昭和二十七年（一九五二）十月に『生活聖典』の中の仏事勤行と日常勤行をまとめて折本とし、『新制　勤行聖典』として永田文昌堂から発行されました。

「短念仏」の起源と句数

『声明辞典』には「（真宗）「ナーマンダーブー」と念仏を数回ゆるやかに唱するもので、真宗各派で簡単な勤行の際に用いられる。第一声は句頭でとなえられ、つづく同音との間で沙鑼または大磬を一打する。通常、添引念仏和讃がこれにつづくが、極略の勤行の場合には、すぐ回向をとなえる」とあります。

『実悟記』に（六十一）「念仏をかろく申べし、讃をもかろく出すべしと、条々仰事侍き。毎朝勤の上の百遍は代々の報謝の心と候。百返よりたらぬもわろしあまるもわろしと仰事也」とあり、又（六十三）「（前略）『阿弥陀経』念仏百返よりあまり候えば、実如上人は物を御ならし候て御成敗候し。たゞ百返よく申べしと被仰き」と、さらに（六十四）「御影堂の毎朝の短念仏は古はながく御入候き。「陀仏」とはきこえず「阿仏」と御申候ように「陀」の字あたらで御申候き。子細あるべし」とあります。又『考信録』には「六字の名号を。南無あいだ。なんまいだ。なんまみた。なまいた。ないだなと、唱う事。大なる過。是を訛略念仏と云て甚だ嫌うことなり」とあります。

短念仏の起源は、「漢音小経のこと」にも記しましたように、法然聖人が毎日阿弥陀経を三種類（呉音・漢音・訓読）読誦されていた記録があり、おそらくその頃から阿弥陀経の後に短念仏が唱えられていたと考えられます。

短念仏の句数については、以上のように古くは百返（百句）でありましたが、昭和二十七年（一九五二）発行の『勤式作法の書』では「本山平日勤行」では「短念仏（八句）、回向」と記されており、同書の「門徒の法要について」の「読経作法」では「三部経又は一巻経の読誦の際には六句」となっています。

又、百華苑発行の「意訳　礼拝聖典」では、昭和二十四年（一九四九）発行の初版本では、短念仏は「八句」でありますが、昭和二十七年（一九五二）の改版以降は「六句」となっています。さらに永田文昌堂発行の「在家勤行集」では昭和二十八年（一九五三）発行の初版本では「六句」となっており、短念仏の句数が現行の「六句」となったのは、昭和二十七年（一九五二）頃からと思われます。

頂礼文のこと

「頂礼文」については、数種の唱え方がありますが、『日本音楽大辞典』には「浄土真宗の声明曲。法会の開始部で、「南無帰命頂礼西方阿弥陀仏」の文を唱えるもの。唱法には数種あり、本願寺派の讃弥陀偈作法では「十二光讃」の十二光の各句の前にこの文を唱えるという。律曲・下無調の曲で、譜は天台声明の対揚《たいよう》による。興正派では天台声明様の別の譜を伝える」とあり、『声明辞典』にも「浄土真宗本願寺派で法要の始めに「南無帰命頂礼西方阿弥陀仏」の文を呉音で唱える曲。数種の唱法があり、讃弥陀偈作法に収められている曲は、天台声明の顕教対揚の譜に依っている」とあります。

讃弥陀偈作法の頂礼文は『本願寺派声明考』に「この御文は曇鸞大師作『讃阿弥陀仏偈』に出拠している。（中略）現行の譜は「旧本二」読経結願音用《けちがんおんよう》の対揚の譜を付けられたものである。また対揚は「旧本一」「旧本三」読経結願作法及び読経一座作法にも用いられている。この対揚の初めの譜が付けられたのである」〔注、旧本一＝『声明品彙《い》（四冊）、旧本二＝龍谷唄策《ばいさく》（二冊）、旧本三＝梵唄《ぼんばい》集（三冊）〕とあり、『声明譜並解説』に「対揚の譜をうつしたものである。対揚は江戸時代から昭和初年まで用いられていたが、現在はこの頂礼文に節譜が残されている」とあります。

円光大師会作法及び上宮太子会作法の頂礼文は『本願寺派声明考』に「御文出拠は「讃阿弥陀仏偈」曇鸞作にあり、ただ『南無至心帰命礼西方阿弥陀仏』の御文とある。「旧本一」三冊目に頂礼文として現行と同じ御文が用いられている。しかし節譜は異なっている。即ち現行の譜は「旧本二」太子講の総礼文の譜に依ったものである」とあります。

奉讃早引作法の頂礼文は『本願寺派声明考』に「御文は「円光大師会作法」の頂礼文と同じで、節譜は「旧本一」の頂礼文に出でしものが付けられている」とあり、『声明譜並解説』に「この頂礼文は安政本に収められているが、天台声明の中にはこの曲の本歌と考えられるものは見当らず、西本願寺で作曲された曲であろうと思われる」とあります。〔注、安政本＝旧本一＝声明品彙〕

尚、頂礼文の元の譜である対揚は次第取になっていますが、同音の記載のあるものはなく、すべて独吟であります。

早引のこと

『仏教大辞彙』の「早引」の項には「和讃を唱うる譜の一種（中略）三余随筆に破邪顕正鈔を引きて当時の勤行を考え「念仏の間に和讃を交えて勤行せしを見ゆ、その和讃の唱え様はいかゞ唱えたるや知りがたけれども今の本山に二十二日・二十五日・

二十七日の走誦《はやびき》の如くなりしと見ゆ、高田の一派は今も和讃を何首もつゞけて引て吾本山の走誦の節と相似たり」と云えり」とあります。

『実悟記』には「蓮如上人の御代には、毎月二十五日の勤の後に『知恩講私記』をあそばされ候き。実如上人御時よりあそばさず候。蓮如の御時も何事ぞ御さし合の時は『私記』はあそばされ候はで、早引にて御入候由候。二十二日は早引ばかり御入候つると被申候」とあります。

『真宗帯佩記』にも「問曰。二十二日・二十五日・二十七日のおはやびきは往古よりの事なるや。（中略）答。蓮如上人の御時まではおはやびきは勿論二十五日には知恩講式、二十七日には両祖講式をあそばし。二十二日にはおはやびきばかりにして、今日太子講式あそばされたきと仰られきと作法次第にみえたり。二十五日・二十七日の講式は常の勤の座敷にてさわりにても遊さしたるよし。しかれば知恩講式・両師講式は存覚上人の撰なれば、それにつきたるおはやびきは存覚上人の時よりありしこと、みゆ」とあります。

『本願寺風物誌』には「山科時代のことを記した「作法次第」によると蓮師の代には、毎年正月二十五日（旧暦）の法然忌には三日間の勤行があり、毎月忌には逮夜、日中の仏事があって、当時は毎月の宗祖忌には「報恩講式」法然忌には「知恩講式」が勤まって最も大切な仏事であったようである。御文章に「毎月両度の寄合の由来は」云々と示されてあるのは、この仏事のことである。又、毎月二十二日（太子忌）には「早引」、二十七日（道綽、善導両師の忌日）には「両師講式」の仏事があり、実如宗主の代からは、法然忌が蓮師の命日と同じになったので、逮夜、日中が併修となり、毎月の太子忌、法然忌、両師忌共にいずれも「早引」が勤まっている。准如宗主代の年中行事にも、毎月太子、法然忌に「早引」の仏事があり、法如宗主の天明年間の御堂記録では、毎月、太子及び曇鸞、道綽、善導、源空、源信の五祖の忌日に「早引」が勤まっている。現在は、はじめに記したように、毎月、太子忌、法然忌には早引和讃が余間で別修され、その他の曇鸞、道綽、善導、源信の四祖の毎月忌日には、焼香が続けられている。そして従来、龍樹、天親の二祖の仏事はいずれの時代でも行われたことはなかったのであるが、現在は、春秋の彼岸会七日間の中、六日間（中日を除く）の毎朝、龍樹、天親、曇鸞、道綽、善導、源信の六高僧の法要が併修されて、それ〴〵「早引和讃」が勤まっている」とあります。

以上のように、「早引」は存覚上人の時代からあったようでありますが、彼岸会の六高僧の「早引和讃」は、晨朝での重誓偈（律曲）に引き続き勤まっていたものが、平成二十七年（二〇一五）より、彼岸会の第一日から第六日の逮夜の讃佛偈（律曲）に引き続き唱えれるように変更になりました。

礼讃や正信偈における唱読の省略

礼讃の「西方（阿彌陀佛）」や「願（共諸衆生往生安樂國）」、正信偈の念仏の「南（无阿弥陀佛）」と同じものを繰り返す場合、省略して唱えないのは何故か。

『仏教大辞彙』の「輪蔵」の項には「経蔵中の書架に機輪を設けて回転に便ならしめたるもの。一に転輪蔵とも云う。梁の雙林大士《そうりんだいじ》傅翕《ふきゅう》始めて之を作ると云う。之を回転して欲する所の経巻を自在に検出すべく、俗士は単にこれを回転するのみにして経論を読まざるも亦《また》利益を得べしとの趣意にて設けたるなり。即ち転法輪の義に依るものなり」とあり、一説には、昔チベットで棒の先に籠のようなものぶら下げて振り回したことから始まり、後に中国の五台山で雙林大士傅翕が経蔵の中に回転する書架を設け、それを回転するのみで経論を読んだのと同じ価値が得られるとしたことから、唱読の際も同じ語句は読まずとも同等の功徳があると礼讃などはそれに習ったとしました。

しかし、『考信録』には「当今礼讃を唱るに。毎章の阿弥陀仏の四字と。諸衆生往生安樂國の八字とを略して唱えざること。何故なるにや。恐くは不可ならん。大師慇懃の聖旨を。却て煩重なりと嫌うに似たり。ことに余文は略すべくとも。阿弥陀仏の尊号は。礼讃の眼目なり。決して略すべからず。又単に願共と唱うるも。何等の表詮なりや。案ずるに。往古始めて墨譜を点ずる時に。彼四字八字等は。直に唱えしむる意にて。墨譜を附せざりしを。声明家此例多し。後来錯《あやまっ》て。墨譜なき故に全く唱えざること、認めたるか」とも書かれていますように、本来は唱えるべきものが、「スク」に唱えるものに博士を付けない習慣から、博士のないところは唱えないと勘違いしたと言う説もあります。

正信偈の念仏の「南」しか唱えないのも礼讃に習ったものでありますが、昔は読まずとも礼讃のように語句は最後まで「南无阿弥陀佛」と記されていました。

和讃の不読

三帖和讃の中で譜が付けられておらず、拝読しない和讃がありますことについては、先ず『実悟記』に「存如上人の御代より六種の和讃勤に成申たる事に候」とあり、又『考信録』には「和讃の中に。巻首又は巻尾にありて。本文とは離れたる一両首づ、の讃は。平常に唱えざること。さもありぬべし。念仏誹謗の有情はの讃は。文中にありて唱えず。又述懐の讃の如きは。一概にこれを唱えざること。何の由なりや。近刻の正像末讃連環解四念仏誹謗の讃の下に云。近来一説云。此一首旦夕の勤行に除ことは。当流の故実なり。あまり御詞厳なる故に用い来らずと有人もいえり」とあります。

以上のように、第七代存如上人が、初めて和讃を書写され「三帖和讃」として下付された際に、前書き・序文と思われる和讃、及び「悲嘆述懐和讃」(二〇七丁右以下)「善光寺和讃」(二一六丁右以下)のように、「ご開山聖人が血の滲む思いのお言葉・当時の世相を批判しているお言葉」などの理由をもって「拝読する和讃とされない和讃」として分けられ、その後和讃の譜には変遷がありましたが、読まないと言う伝承はそのまま受け継がれて現在にいたっているものであります。

「ワル」のこと

「ワル」について『伝承唱読音概説』には「「ワリ仮名」とは、歴史的仮名づかいの、仮名文字を一字ずつはっきりと別々に読むことである。唱読音の場合は、漢字音の二字仮名のもののみに限定され、例えば「教」は普通は拗音《ようおん》化して「キョウ」と読むが、これを「ケウ」と、又「州」は普通は「シュウ」と読むが、これも「シウ」と一字ずつ別々に読むのである。（中略）『正信偈』では行譜の場合、初句から九二句まではほとんど節の無い平らな読みであるが、この部分はワラない。その後二八句、すなわち「善導独明仏正意」から末尾の「唯可信斯高僧説」までは墨譜《はかせ》が付けられて節を伴って唱読する。この時にワリ仮名が生じてくる。草譜の場合は一二〇句全部墨譜を付した節が無いのでワラずに唱読する。つまり節を付けて丁寧に一字一字発音する時のみワリ仮名が生じるのである。これは『正信偈』に続けて読む『三帖和讃』においても同様に、墨譜によって節を付けるのでワリ仮名が生じるのである。（中略）玄智師はその著『唱読指南』に、「二字仮名はワリ、三字仮名はワラズ。但し釈迦は要門の要の字　超世无上の超の字　三朝浄土の朝の字　不了仏智の了の字。二字なれどもワラズ。又聚過数等の音《こえ》促《つづま》る字はワラズ。仏一実等の字は促《つづま》るところにてはワラザレども。処によりて唱うることもあり。各処の章を検《しらべ》るべし」とあるのを古来御堂衆は根拠として唱読しているのである」とあります。

以上のように節《ふし》を付けて読む場合に「ワル」を用いますが、奉讃大師作法や正信念仏偈作法の正信偈は十二礼の節（文類の節）で唱えます。これも天台声明の節を元にしていますから、節のあるお勤めでありますので「ワル」を用いるのが本来でありります。しかし、奉讃大師作法が制定された際に門信徒も一緒に唱えるお勤めであるとのことから、昭和三十二年（一九五七）以降この正信偈は例外として「ワル」を用いないと定められました。

【読 物 の 部】

五帖御文章の編集

『浄土真宗聖典（註釈版）』の解説には「五帖八十通の『御文章』は『帖内《じょうない》御文章』ともいい、多数のなかよりとくに肝要なものを、第九代宗主実如上人のもとで抽出・編集されたものである。時代別にみると、吉崎時代四十通、河内出口時代七通、山科時代五通、大坂坊舎時代六通、年紀が記されていないもの二十二通となっていて、教団が飛躍的に拡大した吉崎時代のものがもっとも多く、上人が一般大衆を精力的に教化されたことがうかがえる」とあります。

又、『浄土真宗聖典（原典版）』の解説にも「『御文章』の蒐集編集の必要が生じ、二百数十通の中から特に肝要なものを抽出して、五帖八十通が撰定された。この編纂は『紫雲殿由縁起』等によると、大永元年（一五二一）に円如上人の手によってなされたとあるが、本願寺の一大事業として実如上人のもとに行なわれたことは、実如上人五帖証判本のあることで明らかである。次いで『御文章』の開版は、これもまた『紫雲殿由縁起』によると、証如上人の時に蓮淳の上申により、天文六年（一五三七）に披露されたとある。しかし、現存する証如上人の五帖開版本の花押の形をみるに、天文十年（一五四一）以降（はやくても同七、八年頃）のものと思われる。この開版本で注目すべきことは、文明五年（一四七三）の『三帖和讃・正信偈』の開版と同じく、片仮名交りで漢字に振り仮名が付され、分別書方が用いられたことで、いかに一般への普及に努力したかが知れるのである」とあります。

さらに『本願寺史』には「三百通に近い『御文章』を分類し、それらの中からとくに肝要なものを抽出する組織的な編集が行われることになった。その結果、八十通の『御文章』が選ばれ、これを五帖に分けて一般に流布したのが、いわゆる『五帖御文章』である。この『五帖御文章』の編集者を実如宗主の嗣法円如であるとする説がある。寛永十五年（一六三八）に集録されたという『紫雲殿由縁起』には、円如が大永元年（一五二一）七月下旬に『御文章』蒐集の意向を発表し、各地から合計百九十七通を得、それによって『五帖御文章』を撰定し、同年八月十九日から二十日の早天に筆耕を終って直ちに宗主に呈し、同日午の刻に往生した、という。また『御文由緒記』にも円如が撰集した旨を記しているが、こうした円如編集説を記した文献はいずれも江戸時代のもので、当時の実悟や顕誓の記録には、円如の編集について言及するところはない。いずれにせよ『五帖御文章』の編集は大事業であって、一個人のよく成し得るところではなく、宗主が円如等に命じて本願寺の事業として遂行したのであろう。そして実際にこの『五帖御文章』が編集選定されるまでには紆《う》余《よ》曲《きょく》折《せつ》があり、努力が払われたであろうことが想像される。すなわちまず手近にある控本や草稿本等を整理してできたのが、『十帖御文章』と称される『高田御文』（高田市本誓寺所蔵）程度のもので、次いで門末に下付された御文章の真筆本を諸方面から集め、これによって右の台本を漸次訂正してでき上ったのが『堺御文』（堺市真宗寺所蔵）や『名塩御文』（兵庫県名塩教行寺所蔵）といわれるような『御文章』であろうと考えられ、そうした編集過程を経て『五帖御文章』が成立したものとみられる。とにかく宗主の時にこの『五帖御文章』が編集されて、門末に広く下付されるようになり、法義の振興に資せられた。その後証如宗主の時代にいたって開版され、一段と普及することとなった」とあります。

御文章開巻式

『仏教大辞彙』の「開軸」の項に「初めて絵像の巻軸を開いて安置し又は経巻等を初めて繙《ひもと》くことを云う。巻軸の紐を解くの意より御紐解《おひもとき》とも云う。真宗末寺にては宗祖・七高僧及び歴代宗主等の絵像、門信徒にては本尊・脇掛等を本山より申請《もうしょう》け、初めて安置するに際し、御開軸と称し一座法要を営むを例とす。又本山にては毎年一月七日に御文章開巻式、五月十五日夏御文章開軸式あり」とあるように、毎年御文章を初めて読む際には、開巻式を行っていました。

明治時代の新暦への改暦までは、修正会は七日間勤まっており、改暦以降は御正忌報恩講が九日より勤まるようになったので三日間となり、勝如上人の時代から一日だけとなりました。

以前は修正会は午前・午後などに勤められ、その日の晨朝は漢音小経と正信偈でありましたが、御文章は拝読せず、修正会の終わった明くる朝の晨朝で初めて御文章が拝読され、それを「御文章開巻式」（御文章始め）と言い、特に作法はありませんが、「掟の章」を拝読して、特にその日だけ会行事や一﨟が拝聴しました。（以前は平素の晨朝は、現在のように出勤の僧侶の余間などでの拝聴はありませんでした）

「開巻式」は勝如上人の代にも一月二日に行われていましたが、昭和十四年頃に廃止されました。

「御文章」開版の歴史

『法式規範』の法式要語の解説の「御文章」の項には「蓮如上人が出された御消息（お手紙）のこと。第九代実如上人は肝要な八十通を選んで五帖一部に編集し、第十代証如上人が開版（木版で印刷し出版すること）された。第十一代顕如上人が、門信徒の拝読用に選んで編集されたものを「御加《おくわえ》の御文章」という」とあります。

この中で実如上人が五帖八十通に編集したとありますが、上人の命を受けて実際に編集されたのは、実如上人の第三子であり、第十代の証如上人の父である偏増院円如上人であると言われています。

小本御文章の開版は第二十代広如上人の天保年間より始まったとされています。以後門主が替わるたびに大本の「五帖八十通」と「御加え」本が改版して下付され、第二十三代勝如上人の代になり「大本八十通御文章」「御加え」の改版は中止し、「小本の八十通」と「御加え御文章」を下付することに改正されました。

近代においては、大本御文章の開版は第二十二代鏡如上人までで、それ以降の開版は無く、昭和二年（一九二七）に以下の章名の「小本御加え」が開版されました。

「掟（他力信心）」、「末代無智」、「八万の法蔵」、「男子も女人も」、「信心獲得」、「一念大利」、「五劫思惟」、「一切の聖教」、「聖人一流」、「御正忌」、「御袖」、「無上甚深」、「白骨」、「出家発心」、「猟すなどり」、「宗名」、「御浚い」、「御命日」、「定命」、「三首の詠歌」、「疫癘」、「毎月両度」、「大坂建立」

昭和十三年（一九三八）に御消息三通（殉《じゅんこく》国章、元旦章、婚姻章）が発布されましたが、昭和十五年（一九四〇）に御選定改版されました「拝読用御文章」は以下の三十通と先の御消息三通に初参章を加えた四通でありました。この時、それ以前の御文章にはなかった「大切・中切」などが初めて記入されました。

一・出家発心、二・自問自答、三・睡眠、四・宗名、五・易往無人、六・五重義、七・其名ばかり、八・大聖世尊、九・唯能常称、十・真宗念仏、十一・定命、十二・三首御詠歌、十三・機法一体、十四・毎月両度、十五・孟夏中旬、十六・大坂建立、十七・末代無智、十八・八万法蔵、十九・抑男子女人、二十・信心獲得、二十一・一念大利、二十二・五劫思惟、二十三・一切聖教、二十四・聖人一流、二十五・御正忌、二十六・御袖、二十七・無上甚深、二十八・弥陀如来、二十九・白骨、三十・一切の女人

昭和二十二年（一九四七）（勝如上人）に一部御選定替えの上、以下の三十五通を収めて改版し、「御加え御文章」として下付しました。

一・門徒弟子、二・出家発心、三・猟すなどり、四・睡眠、五・弥生中半、六・吉崎建立、七・宗名、八・易往無人、九・五重義、十・其名ばかり、十一・大聖世尊、十二・唯能常称、十三・御命日、十四・真宗念仏、十五・三首御詠歌、十六・疫癘、十七・機法一体、十八・毎月両度、十九・孟夏中旬、二十・大坂建立、二十一・末代無智、二十二・八万法蔵、二十三・抑男子女人、二十四・信心獲得、二十五・一念大利、二十六・五劫思惟、二十七・一切聖教、二十八・聖人一流、二十九・御正忌、三十・御袖、三十一・無上甚深、三十二・弥陀如来、三十三・白骨、三十四・当流聖人、三十五・女人成仏

（御俗姓と合わせ、御消息は、元旦章、婚姻章、初参章の三通）

昭和六十三年（一九八八）（即如上人）にも、以下のように一部御選定替えがあり、本山での晨朝における拝読が、日にちごとに定められました。（御消息は外されました）

一日・聖人一流、二日・出家発心、三日・雪中、四日・睡眠、五日・吉崎建立、六日・此方十劫邪義、七日・宗名、八日・横截五悪趣、九日・易往無人（五戒）、十日・五重ノ義、十一日・大聖世尊、十二日・唯能常称、十三日・当国他国十劫邪義、十四日・三首ノ詠歌、十五日・イマノ世、十六日・信心獲得、十七日・機法一体、十八日・毎月両度、十九日・一流安心、二十日・末代無智、二十一日・八万ノ法蔵、二十二日・在家尼女房、二十三日・男子モ女人モ、二十四日・一切ノ聖教、二十五日・御袖、二十六日・無上甚深、二十七日・一切女人、二十八日・御命日、二十九日・当流聖人、三十日・経釈明文、三十一日・当流勧化

尚、元旦には「総序の御文」を、御歴代祥月には「末代無智」を、降誕会には「聖

人一流」を、春秋彼岸会には「機法一体」を、御正忌報恩講中には「御正忌」をそれぞれ拝読します。

平成八年（一九九六）に「御文章―ひらがな版」が刊行され、以下のように毎日拝読するもの（ひと月、三十一通）、および法要儀式で必要と思われるものが制定されました。

一日・聖人一流、二日・出家発心、三日・猟すなどり、四日・雪中、五日・睡眠、六日・吉崎建立、七日・此方十劫邪義、八日・横截五悪趣、九日・珠数、十日・易往無人、十一日・五重の義、十二日・唯能常称、十三日・いまの世、十四日・機法一体、十五日・毎月両度、十六日・信心獲得、十七日・一流安心、十八日・大坂建立、十九日・末代無智、二十日・八万の法蔵、二十一日・在家尼女房、二十二日・男子も女人も、二十三日・一念大利、二十四日・一切の聖教、二十五日・御袖、二十六日・無上甚深、二十七日・一切女人、二十八日・当流聖人、二十九日・経釈明文、三十日・当流勧化、三十一日・大聖世尊、その他に法要儀式で必要と思われるものとして、御命日、三首の詠歌、御正忌、白骨があります。

尚、昭和十三、十四年（一九三八、九）に発布された御消息四通は、平成十六年（二〇〇四）宗令第二号により「このたび、宗門が一九三一（昭和六）年から一九四五（昭和二十）年にいたるまでの十五年にわたる先の戦争に関して発布した、消息・直諭・親示・教示・教諭・垂示などは、今後これを依用しない」とあり、これらの御消息は拝読しないこととなりましたが、それ以前に初参章については、昭和六十一年（一九八六）に新に「初参式についての消息」が発布され、元旦章については、昭和六十三年（一九八八）より元旦章が発布される以前に拝読されていました「総序の御文」に戻されています。

「御文章」唱読の変更

『宗報』の「宗務連絡のコーナー」に「『御文章』の唱読についてお知らせ」として、「『御文章―ひらがな版』がご制定になります。それにともない学識者の研究成果に基づいて『御文章』などの唱読が一部変更されました」とし、以下のように「拝読における伝承音の一部変更について」が掲載されました。

Ⅰ　和語（本来の日本語：一《ひとつ》・二《ふたつ》・三《みっ》・保《たも》つなど）の中で従来、鼻音（鼻的破裂音）によって発音していた下記の文例に準ずる箇所を普通の「つ」「tsu」と発音することに変更いたします。

〈文　例〉

ワカ身ニハヒトツモアヒソフコト　（御文章一帖第十一通）
ヒサシクタモツヘキニアラス　（御文章二帖第七通）
フタツモミツモアルヘカラサル　（御文章二帖第八通）
当流ニタツルトコロノ　（御文章二帖第十通）
アヒソナハリツヘキモノナリ　（御文章三帖第九通）
ヲクレサキタツ人ハ　（御文章五帖第十六通）
御タスケアリツルアリカタサ　（御文章五帖第二十二通）

II　従来、促音によって発音していた下記の箇所を「つ」「tsu」と発音することに変更いたします。

信心トイフコトハカツテ是非ノ　（御文章一帖第十二通）

後生ヲハカツテネカハス　（御文章四帖第二通）

信心ノ沙汰トテハカツテモテ　（御文章四帖第十二通）

フツトタスカルトイフ事　（御文章五帖第二通）

III　漢字音（中国音の日本化したもの：一《いち》・七《しち》・八《はち》・吉《きち》・越《えち》・日《にち》）の下記の文例に準ずる箇所を普通の「ち」「tʃi」と発音することに変更いたします。

〈文　例〉

コノタヒノ往生ハ一定ナリ　（御文章一帖第五通）

万一相違セシムル子細　（御文章四帖第六通）

三途八難ニシツマン事ヲハ　（御文章二帖第一通）

御文章拝読の起源

御文章がいつ頃から拝読されるようになったかについて、『仏教大辞彙』の「御文章」の項に「御文《おふみ》を拝読することは、蓮師の在世に於て其事始まりしと見え、御一代聞書には曰く「蓮如上人堺の御坊に御座の時、兼誉御参り候、御堂において、卓の上に御文をおかせられて、一人、二人、乃至五人、十人参られ候人々に対し、御文を読ませられ候。其夜、蓮如上人御物語のとき仰せられ候。この間、面白きことを思い出で候、常に御文を一人なりとも参らん人にも読せて聞せば、有縁の人は信をとるべし」とあり。又真宗にて通常晨朝勤行の時正信偈和讃の後に一通づ、読み、祖忌に御正忌の章、納骨の時に白骨の章を読む等其文意を考えて之を用うることとあり。考信録巻三に之を詳説せり」とあり、『考信録』にも同様のことが記された後「御文をば本山にては。信解宗主（寂如上人）より改《あらため》て御文章と称せらる。東門には古規を守て。御文と唱う。匡興記下云。良如上人以来御文章と称すと云えり。本山御文拝読の次第。七八年以前迄は。法談の後には短文をよみ。御文ばかりの時は長篇をよむこと。大既定式也。近来は巡読にすべしと命ぜられたり」とあり、蓮如上人のご在世時代から拝読が始まっていたようであります。

尚、「大切」「中切」などの拝読法については、口伝《くでん》で伝承されてきたもので、区切りなどの拝読法が御蔵版に標記をされましたのは、昭和十五年（一九四〇）に開版された『拝読用御文章』が最初であります。それ以前の拝読法については文献にはありませんが、『考信録』に「御文を御文章と称せらる」とあり、その時に現在の拝読法となったと言われています。

【法要儀式の部】

御浚《おさらえ》の行事

御浚とは『仏教大辞彙』では「真宗にて報恩講を修せし後、復習の意にて修する法要を言う。御文章第二帖第一通に「抑今度一七ヶ日報恩講のあひだにをひて、多屋内方も其時の人も大略信心を決定し給へるよしきこえたり、めでたく本望これにすぐべからず、さりながら、そのま、うちすて候へば信心もうせ候べし、細々に信心のみぞをさらへて彌陀の法水をながせといへる事ありげに候」と述べ信後相続の懈怠《けたい》を誡《いまし》め、未信行者の得信を勧められしに基づき報恩講の後に此章を拝読して一般有縁のものに拝聴せしむる法要なり。この御文章を御浚の御文と言う」とあります。

本来ならば本願寺の御正忌報恩講法要の一月十六日の御満座後御納壇をするのでありますが、十七日の晨朝まで法要の荘厳をそのまま据え置き、晨朝後の御文章拝読の前にご門主様の思し召しを伝えるために讃嘆が行われます。

昔は交通の便も悪く、折角御正忌報恩講法要に参ろうと思っていた人が、御満座に間に合わなかったこともあり、せめて荘厳だけでも一日残しておこうと言う御門主様の思し召しであります。

普段の歴代の御命日などの讃嘆は、讃嘆を行う者があらかじめ決まっていますが、御浚え讃嘆に限っては特命と言い、その場で御門主様が決めた人を侍僧から伝えられて、命ぜられた者が行います。

それと同時にこの晨朝は御浚えのみ座とも言い、以前は信心の溝を浚えと書かれた御文章であります「御浚えの章」を読みました。

現在はその御文章は読みませんので、讃嘆の中で、その御文章を引用するのが慣例となっています。

改悔批判《がいげひはん》のこと

御正忌報恩講法要の初夜に行なわれる改悔批判については、『真宗儀礼の今昔』には「改悔批判とは、蓮如上人の時代に、報恩講の間、毎夜僧侶や門徒が、親鸞聖人の御影前において、各自の信仰を告白して、批判を仰いだことに始まるものである。今も御正忌報恩講中において、一月十三日を除く毎初夜に改悔批判が行われているが、その形式は、蓮如上人当時のものとは大きく異なる。蓮如上人の時代においては、改悔を出したいという参詣者が多数かけつけ、大変な熱気を帯びたなかで報恩講が執り行われていたようである。しかし、その後、参詣者が勝手に改悔を述べると混乱するということもあって、『領解文』が用いられるようになった。それをもとに、門主の御手代としての勧学が、批判を行うという形式をとっているのが現在の改悔批判である。本来、この儀式は蓮如上人が受け止められたはずの懺悔の心が感じられるような儀式である。また、参詣の人々が一体化していくというエネルギーを感じられる儀式でもある」とあります。

又『仏教大辞彙』にも「改悔批判」の項に「真宗にて安心領解の正不を批判する儀式。本大両本願寺にては、七昼夜報恩講の間、御伝鈔拝読の日を除くの外、毎日初夜勤行後、御影堂に於て之を行う。蓮如上人の時、篤信の道俗が報恩講に当り祖師前に於て自己の領解を告白して宗主の批判を乞いしに始まる。爾来《じらい》歴代宗主、毎年報恩講に当りて自ら親しく道俗領解の批判をなし初日の初夜勤行に先立ち、宗主親しく教諭する所あるもの、之れ全く蓮師以来の先例を踏むものなり。但し第二日以降は代理判者を立て、之を行わしむ。其儀式は御影堂結界内外に参集せる道俗をして改悔文を誦して領解の告白に代えしめ、而《しこう》して後、判者之に対して懇《ねんごろ》に教諭勧誡《かんかい》をなす。而して宗主より代理を命ずるを与奪《よだつ》すと称す」とあります。

『考信録』巻一には「報恩講の初夜。その外寄講の法座にて。改悔と名けて。領解の旨を陳唱することも。蓮師の時よりとみゆ実悟記云（中略）但しこの説によれば。報恩講の消息に示したもう如く。人々心中の領解を。各々に申し出すことにて。今時の様に。改悔の文言を定めて唱うるには非ず。爾れども今の改悔文。蓮師の製作なりと称し。出口の光善寺に真蹟を蔵《おさ》む。領解文多種あれども。出口の所蔵最も簡潔明正なり。蓮師の時は。ただ各々に己心《こしん》をのぶるばかりと云うべからず。己心を発露懺悔し已《のみ》て。後に領解すべき旨を示して。改悔文を著したまえるにや」とあります。

さらに『実悟記』にも「報恩講の事、御文にもあそばしおかれ候ごとく、太夜《たいや》過候えば、人をことごとく出され、御影堂に、一人も人なきように成候て、のぞみの人、五人三人、残り候ように見え候。人多き時は、御堂衆、坊主衆、手蠟燭しそくをともし持て、人を出され候て、門をばたて候。御影前には、五十人、三十人候て、第一坊主衆、改悔候て、次に其外の人、一人づゝ、前へ出られ、坊主衆の中を、わけられおかれて、前にす、み、諸人改悔候間、一人づ、の覚悟申され、聴聞申候に、殊勝に候し。縁などより申候は、不レ可レ然候。一大事の後生の一儀を縁の端などより、被レ申候は、不レ可レ然とて、一人宛、前へ出で、改悔名をなのり、高らかに被レ申候て、一人々々の覚悟も聞え、殊勝に候き。当時の様に、五十人百人づ、一度に安心とて、被レ申候えども、わけもきこえず、総々しきばかりにて、何たる事のとうときとも、義理の相違も、何も聞こえず候事は、前代なき事にて候」とあります。

『本願寺風物誌』には「本山報恩講の七昼夜の間、毎初夜の斎の勤行に引続いて行われるのがこの改悔批判である。但し、中日(一月十三日)の初夜はこの改悔批判に代って「御伝鈔」が拝読される。改悔批判と言うのは、祖師聖人の御前で、改悔して自身の領解を申述べる者に対し、可否の批判をすることであるが、御文章にも、所詮今月報恩講七昼夜のうちにおいて、各々改悔の心をおこして、わが身のあやまれるところの心中を心底にのこさずして、当寺の御影前において回心懺悔して諸人の耳にこれをきかしむるよう、毎日毎夜にかたるべし(文明十四年(一四八二)十一月二十一日）とあって、このようなことは蓮如上人の時から行われていた。（中略）当時は一人々が自分の思うように、日頃の領解を声高らかに申述べていたのであるが、だん〳〵と人数が増えて、一度に五十人、百人の人々が大声で自分々々に領解を述べて、とても騒がしく聞き取ることも出来ないようになってきたので、定った言葉で皆が一様に述べるために、「領解文」を拝読することになってきたのである。それは法如上人（十七代）の頃からのようである。領解文の開版は法如上人の天明年間であって、これによって、門徒の家々まで広く領解文が流布されること、なり、本寺は勿論、末寺門徒の各家でも、報恩講には必ずこの領解文が拝読される風習となってきたものと思われる。（中略）改悔批判と言う名称は、寂如、法如上人の頃からで、それ以前は改悔讃嘆、又は法談などと呼ばれている。ところで現在の改悔批判の作法は、法如上人の頃からの形式であるようで、玄智の『祖門舊事記』に、初夜　正酉刻　法談　北座　次第書云二改悔批判一。始終六座一人勤レ之。多是一老役。若不レ堪レ任則以二余人一代レ之。とあって、現在も毎座、御影堂北座、即ち門主席の下に、横向に着座して行われている。言うまでもなく、改悔批判は、安心の正否を判断する重要なことで、法主の特権であり、従って、これを命ぜられた人の責任も、又、最も重大であるので、明治以前は、その本人の居住する町内は静かにさせて、騒がしくならぬよう町奉行が取締っていたと言う。現在、この改悔批判をつとめる人は主として、一派最高の学階を有する人に与奪（命ぜられることを特に与奪と言う）されるが、与奪の内命をうけた人は草稿を御門主に差出し、認許を得て、つとめられことになっている」とあります。

改悔批判の与奪者の心得として明如上人は『明如上人日記抄』の明治二十五年（一八九二）十二月十六日の所に「初夜批判与奪之義針水〔原口〕へ内命し、批判之心得を渡す」と記し、その十七条を記した中に「一、報恩講参集之道俗に自督安心を御影前に於て出言せしむるは、其正否を批判するが為なり、故に改悔批判と称す、法主の特権なり。一、右、領解出言の故実は、御文章（三帖の第十一通、四帖の第五通、第六通等）に依る、但、往古は出言各自不同にして前後錯雑するを以て、中宗大師領解文を制作し、之が模範としたまう、故に道俗みな之を唱るを例とす。一、法主第一座に臨み、第二座以下代理せしむるを例とすと雖《いえども》、事故により法主中間に臨むことあるべし、其時は第一座に於て必法主の命を奉じて云々《うんぬん》と述ぶべし」などとあります。

さらに『真宗事物の解説』にも「蓮師以来、歴代宗主には、報恩講初日の初夜勤行に先立ち、親しく道俗領解の批判をなし給い、懇《ねんごろ》なる教諭を垂《た》れ給う例となっているが、第二日以後は、代理判者を立てて行わしむるのである。近年は多く初日から代理を命ぜらるるようである。この儀式は御影堂結界内外に参集せる、道俗をして改悔文を誦せしめて領解告白に代えしめ、後判者これに対し懇に教諭勧誡なさるるのである。法主よりこの代理を命ぜらる事を古来より与奪と言う。一時法主の特権を与え、また直に奪うという意である。（中略）なお昭和十三年（一九三八）御正忌にあたり、法主猊下御親教改悔批判あらせられた。これ明治三十二年（一八九九）明如上人の御時以来中絶されていたが旧儀に復せられたものである」とあります。

以上のように、改悔批判は従来は本願寺住職であるご門主が行なわれていたものを、昨今は与奪と言われる御手代が行うようになりましたが、最近はご門主の代替わりが行われた際の御正忌報恩講法要や、大遠忌法要においてはご門主自ら行なわれたこともあり、第二十四代即如門主は昭和五十二年（一九七七）に法統継承が行われ、昭和五十五年（一九八〇）の伝灯奉告法要の後、昭和五十六年（一九八一）の御正忌報恩講法要の初日一月九日に、及び平成二十四年（二〇一二）の宗祖七五〇回大遠忌法要御正当の初日一月九日の二度行われ、第二十五代専如門主は平成二十六年（二〇一四）に法統継承が行われ、平成二十七年（二〇一五）の御正忌報恩講法要の初日一月九日に行なわれました。

雅楽と法要

仏教と雅楽のかかわりについては、『仏教大辞彙』の「楽」の項に「印度にても法会供養の為めに古くより行われたるものと見ゆ。我国にて音楽を仏会に用いたるは奈良朝の時天平八年（七三六）婆羅門僧正菩提仙那《せんな》と共に渡来せる仏哲に由来し、其音楽に精《くわ》しかりしより之を子弟に授け、天平勝宝四年（七五二）東大寺大仏開眼の大供養会に仏前にて行えるを始めとす。又我国にては古来神前にて音楽をなすの風習ありしより此風習と合して仏教にても亦《また》大に之を用うるに至りしものならん」とあり、『日本音楽大辞典』の「仏教における雅楽」の項には「中国においてもすでに北魏（三八六―五三四）の時代から法会に種々の芸能・音楽の行われていたことが記録にもうかがわれる。日本では七世紀、百済の味摩之《みまし》によって紹介された伎楽《ぎがく》が、やはり伝来後なお日が浅かった仏教の式楽に供されたが、奈良時代にはすでに将来されていた三韓楽やぞくぞく輸入される唐楽、林邑《りんゆう》楽などの諸楽の楽戸が、雅楽寮とは別に諸大寺にも設けられ、これら寺院の式楽として用いられていた。なかでも七五二（天平勝宝四年）の東大寺大仏開眼供養会は古今の盛儀といわれ、「東大寺要録」巻二によれば、唄《ばい》、散華《さんげ》、梵音《ぼんのん》、錫杖《しゃくじょう》の四種の声明と作法からなる四箇《しか》法要が行われ、この間に当時日本に存在したと思われる内外のすべての諸楽が演じられたことがわかる」とあります。

その内容については、『仏教音楽辞典』によれば、「雅楽は平安時代には寺院でも盛んに用いられ、「三十二相」のように雅楽に合せて作曲された声明もあり、御懺法講《ごせんぼうこう》のように参詣の天皇・公卿が雅楽を演奏することも行われ、舞楽と声明を交互に行う舞楽法要や、講式を読み管弦を演奏する管弦講も行われた。現在は大法要の際に舞楽法要が勤められるほか、法要の入堂・退堂や登・降礼盤などの際に演奏し、また声明の旋律を雅楽器で伴奏する附物《つけもの》や、声明と平行して雅楽を演奏する附楽《つけがく》もしばしば行われている」とあります。

本願寺で雅楽が用いられるようになったのは、准如上人の頃からで、五摂家のひとつの近衛家の家礼であり、上人と親しい関係にあった山科言経《ときつね》の『言経卿記』によりますと「今日礼に御児（准如上人）へ参、北御方（准如母上如春尼）へ則対顔了、五常楽急・太平楽急才有レ之、笙・笛才吹レ之」（天正十四年（一五八六）十一月二十一日の条）および「御児笙教レ之、先日より少々つつ也」（天正十六年（一五八八）三月七日の条）とあります。

又、法要に用いられたのは、『御堂奏楽記』によりますと「寛永二年（一六二五）

乙丑季霜月報恩講より初て楽これあり」とあり、祐俊の『法流故実条々秘録』には「御堂御法事に楽初り候は准如上人御代、寛永三年（一六二六）丙寅春の比より出来候也、初の間は御児様達、御堂衆へ楽人四五人つゝ、召申御稽古候き、楽十余り大方習得られ候て、於ニ御堂一被レ成レ初候」とあり、『仏教大辞彙』にも「本願寺にては徳川時代に至り他の諸宗に従い慶長（一五九六―一六一四）の頃より初めて之を用い、延宝六年（一六七八）二月の経蔵慶讃法会には盛んに行い、以後大法会は必ず之を行うこと、せり。法会には伽陀・読経・諸讃等の中間に挿むものにして、又入堂退出の時、導師の登高座・下高座の時之を奏す」とあり、いずれにしても准如上人時代から用いられたことが分かります。

帰敬式の起源と変遷

『仏教大辞彙』の「帰敬式」の項には「真宗にて在俗の男女が仏門に帰入する儀式。御剃髪《おかみそり》とも言う。仏本行集経巻三十五には仏、長者耶輪陀《やゆだ》に三帰を授けて優婆塞《うばそく》となし、又其母并《ならび》に婦に三帰を授けて優婆夷《うばい》となせること見ゆ、これ其起源なりとす。各宗にては三帰・五戒を授け之を授戒と名づけ。又其時帰入者に付する名を戒名と称す。真宗にては帰敬式又は御剃髪の名を以て法主自ら之を行う。先ず帰入者を仏前に列坐せしめ、法主自ら剃髪の式をなし、而《しこう》して三帰戒を授く、此式終れば法名を付するを例とす。近代は此式に対して帰敬式の名を用う」とあります。

又『真宗事物の解説』には「真宗にて在俗の男女が仏門に帰入し、剃をもって頭髪をそるに模する儀式を帰敬式といい、またおかみそりとも所によりてはおこぞりともいうのである。普通は生存中御門主（時には御代人）よりこれを受け、生存中これを受けざる者は死後入棺の際に、この式を用うるものとするのである。キリスト教にも洗礼といって、これと同義のものがある。この帰敬式の起源を尋ぬるに、釈尊御在世の時、長者耶舎に三帰を授け優婆塞となし、またその父母並びに妻にも三帰を授け優婆夷となせし事が『仏本行集経』に見ゆる所であるが、これが最初の帰敬式であったのである。今日各宗にて三帰（仏法僧の三宝に帰依する事）、五戒（殺生《せっしょう》、偸盗《ちゅうとう》、邪《じゃ》婬《いん》、妄語《もうご》、飲酒《おんしゅ》をなさざる五種の制戒）を受くる事を授戒と名づけ、またその時帰入者に付する名を戒名と称して仏門帰入の儀式とし最重要の行事となしているのである。真宗にては御剃髪式と申せば、明治十七年（一八八四）頃までにして、以後は帰敬式と改称せられたのである。帰依仏、帰依法、帰依僧の三帰文を戴き、式終り、法名を授かるのである。しかしながら他門と相違するところは、真宗の帰敬式は法主御一人これをなし給う事である。僧の得度式も門徒の帰敬式もみな、法主御一人の権能にて、時には御代人にて行わせらる事もあるも、それは法主の御手代にて何人も自身としてはこの資格はないのである。生存中のお剃刀は御門主御一人の権能にて、死後のお剃髪式は便宜上手次の寺院住職がこれを代勤することとなっているのである」とあります。

浄土真宗のお剃刀については、『紫雲殿由縁記』に「文明十六年（一四八四）二月十五日、法印室（金宝寺の坊守）蓮師御剃刀頂戴し、慈休院と号し法号蓮周と給う」とあり、これが史料的には最古のものでありますが、『真宗儀礼の今昔』の中には「『紫雲殿由縁記』より早く。地方に残された「蓮如上人御文」の中には文明四年（一四七二）十二月二十八日付で、「法名釈蓮慶」と明記された花押つきの法名下付状がある。添状から推して、聖道門の僧侶だった人に再《あらた》めて真宗の法名を与えられたものらしいから、あるいは「御剃刀」の儀は不必要だったのかもしれない。が、現行の法名と同じ形で既に文明のはじめ頃には下付されていたことは判る」とあります。

その他『本願寺年表』には「享保五年（一七二〇）十月二十三日寂如、和泉尾崎別院に赴く」とあり、『本願寺派勤式の源流』には「同十月の尾崎別院のご巡化には六百二十八人の度者があった」とあるので、これはその時お剃刀を受けた人の数でありましょう。

又同じく『本願寺年表』には「明和四年（一七六七）八月五日本山役人に宗主の剃刀を受けることを許す」とあり、「同年閏九月九日御堂衆五人、白書院で宗主の剃刀を受く」とも記されています。

尚、『考信録』には「出家剃髪の式他門にては種々の作法ありて。出家受戒式の書別に梓行せり。当家には元来威儀を本とせざれば。その式簡易なり。（中略）各々の末寺檀家の式を言は、。或は師僧の寺に来て。剃刀を受くるもあり。或は受者の家に請じて受くるもあり。師僧の寺に来て受るを本式とす。予《あらかじ》め剃髪の志あることを告げなば。故障の有無をよく〱問うべし。剃髪を行う席には。親族を伴い来らしむべし。潜《ひそか》に受けしむべからず。仏前に香燈を献じ。受者はかねて髪を洗いて。これを束ねて結び。男子は相応の礼服を着し。女子は白き表衣を着て。本尊の正面に座せしめ。師僧出でて。まず本尊を礼し畢《おわっ》て。受者の後に立ち。侍僧の擎《ささげ》出る剃刀を把《つかん》で。流転三界中の文を唱て。頭の正中と左右と。三度剃刀をあてるなり。死屍に剃刀をあてるもまた同ㇾ之」とあります。

この中の「流転三界中の文」とは「流転三界中　恩愛不能断　棄恩入無為　真実報恩者」の偈文で、明治の頃までは唱えていましたが、この御文は「清信士度人経《しょうしんじどにんきょう》」と言う他宗の経典にある「出家偈」と言われるものでありますので、近年これを止め、「仏説無量寿経」にある「其仏本願力　聞名欲往生　皆悉到彼国　自到不退転」の御文を唱えるようになりました。しかしこれも平成二十一年（二〇〇九）に『浄土真宗本願寺派　葬儀規範』を改訂した際に、死後の住職または住職代務の執行するお剃刀については剃髪式《ていはつしき》とし、できるだけ本山における帰敬式（三帰依文は唱えますが、他の偈文は唱えません）に近い形にする為「其仏本願力～」の偈文も唱えないことにしました。

尚、帰敬式は以前は本山で行うのを原則としていましたが、平成十年（一九九八）に本山での帰敬式受式が病気など受式者の個人的事情により不可能な者の特例措置が実施されるようになり、また近年は必要に応じて、直轄寺院、直属寺院又は宗門に所属する団体からの要請に基づき、本山以外の場所においても、執行することができるようになりました。

降誕会の歴史

降誕会の起源について『明如上人伝』には「降誕会の起源は遠く日野別堂と本派と

の関係結ばれしより以来、毎春宗主の参詣ありて誕生会を修せられたるに其の端を発す。明如上人新々門跡の頃父広如上人と共に之に臨まれたこと『奥日次《おくひなみ》』（老女衣笠の筆による奥向の日記）元治元年（一八六四）四月二日の條に見えたり（中略）明治七年（一八七四）上人之を再興し、又従来宗祖の誕生日は太陰暦により四月一日なりしを明治六年（一八七三）政府の陽暦を採用するに準拠し、翌七年より推歩によりて五月二十一日と改定せられたり。（中略）又『奥日次』同七年五月二十一日の條に、当年より降誕会御祝儀あらせられ候に付両姫様、本誓院様へ御祝儀申上候事。云々。の記事あり。されば奥向においても陽暦に依りて宗祖降誕の祝儀ありしことを知り得るなり」とあります。

このことから、宗祖の御誕生の祝賀については、当初は日野誕生院において行われていたものが、明治時代になって本山でも行われるようになったことが分かりますが、最初はまだ内々での行事であり、御堂では行われていなかったようであります。

又、『明如上人伝』には「法要の厳儀を加ふるに至りしは、明治十五年（一八八二）

度よりにして、前二十日夜引上《いんじょう》法要として論議作法を行はれたり」とあり、降誕会に「無量寿会作法」が初めて用いられましたが、その後は二十一日に昭和三十八年（一九六三）に制定された、全国の宗門関係学校の学生らによる「宗祖降誕奉讃法要」（音楽法要）に引き続きの日中法要として用いられました。

その後平成十三年（二〇〇一）から降誕会は二十日の逮夜に「無量寿会作法」が二十一日の日中法要は「正信念仏偈作法」（第三種）が用いられるようになりました。

又祝賀会などの開催は明治二十年（一八八七）以降であったようで、明治二十年に初めて舞楽が、明治二十四年（一八九一）には初めて祝賀能が、明治二十六年（一八九三）には開明社より相撲が献じられるなど年々盛大となり、現在は飛雲閣でのお茶席や祝賀能に加え、昭和三十六年（一九六一）の宗祖七百回大遠忌法要を機縁として開催された雅楽献納会などが行われています。

尚、御影堂の平素の晨朝勤行における和讃は、正月の初めより六首づつ順読をしますが、五月二十一日に限っては、その順番からはずれて、毎年「尊者阿難」からの六首が読まれます。

これは、降誕会に用いられる無量寿会作法の論題が「出世本懐」であるように、和讃もそれにあたるものが用いられるのであり、『明如上人日記抄』（後編、二、法要之記）の降誕会之記の明治十六年（一八八三）の項に、晨朝勤行について「御影堂正信偈、六首引（中拍子、尊者阿難）」とあるところから見ますと、その頃からそのように定められたものと考えられます。

秋季彼岸会の期日の変更

『法式規範』の第三版（平成二十五年（二〇一三）発行）の秋季彼岸会のの期日が「九月二十日（または十九日）晨朝から第七日の日中法要までの七日間」となっていますが、それまでの『法式規範　増補版』では「九月二十日（または二十一日）晨朝から第七日の日中法要までの七日間」となっており、これは彼岸の中日である秋分の日が、九月二十三日または二十四日であったものが二十三日または二十二日と変更されたことによります。

何故このようになるかといいますと、先ず秋分の日は春分の日と同様に太陽と地球の位置の関係で決まるため毎年同じとは限らず、国立天文台が暦を決定していることによります。

秋分の日で言うならば九月二十三日となることが多いですが、地球が太陽の周りを一年で一周する公転周期は正確には三百六十五日ではなく、その誤差を四年に一回の閏《うるうどし》年で調整をしており、その関係で時々秋分の日がずれることがあるのです。しかしながらそれでも多少の誤差を生じるので、四百年に三回閏年を減らす措置（四年に一度の閏年を実施しない）も取っており、最近では明治三十三年（一九〇〇）を閏年にしませんでした。その関係でずれる秋分の日が変わってくるのです。

ちなみにその変化を記しますと、最近では二十三日が多いですが、昭和四十六年（一九七一）、昭和五十年（一九七五）、昭和五十四年（一九七九）、が二十四日であり、それ以降は二十三日が続き、平成二十四年（二〇一二）、平成二十八年（二〇一六）、平成三十二年（二〇二〇）が二十二日となり、しばらくこれが続きます。

以上のことから『法式規範』（第三版）発行の際に変更をしましたが、春分の日については当分の間変更はないので、そのままとしました。

晨朝開始時間の変遷

晨朝勤行が開始される時間は、平成二十一年（二〇〇九）四月二十一日の宗告第五号で、平成二十二年（二〇一〇）一月一日以降年間を通じて午前六時とすると定められて現在に至っています。

それ以前は、大正十年（一九二一）までは、

十一月～二月　午前六時半　三、四、十月　午前六時

五月、九月　午前五時半　六、七、八月　午前五時

大正十三年（一九二四）までは、

十一月～二月　午前六時半　三、四、十月　午前六時

五月〜九月　　　　　午前五時半
昭和四十六年（一九七一）までは、
十一月〜二月　　　　午前六時半　　　　三、四、九、十月　　午前六時
五月〜八月　　　　　午前五時半
平成二十一年（二〇〇九）までは、
十一月〜二月　　　　午前六時半　　　　三月〜十月　　午前六時
でありました。

尚、日中法要の時間も現在は総て午前十時でありますが、以前は夏の期間や彼岸中は午前九時であり、御正忌報恩講法要の一月十六日の満日中法要は十時半からでありました。

煤払《すすはら》いの歴史

煤払いは『日本国語大辞典』には「煤払は煤掃《すすはき》に同じ。煤掃はすすやほこりなどを

はらってきれいにすること。特に、正月の準備に、ふだんは手の届かないようなところまで大掃除をすること。江戸時代には公家・武家ともに十二月十三日に行うのが恒例で、民間でも多くこれにならった。煤取り。煤払い。煤納め」とあります。

又『国史大辞典』には「屋内の掃除を行い、同時に神棚を祓《はら》い清めて正月の準備を始める年末の行事。煤掃き・煤納めなどともいう。吉日を選んで行っていたが、江戸時代になって十二月十三日を用いることが多くなった。これは江戸城の煤払いの日取りを一般でもならったからというが、十三日に煤払いをする風は近年まで各地で続けられていた。かつては燃料の関係から屋内には煤がたまりやすかったので、煤払いは歳末の欠かせない仕事であったが、単なる衛生上の大掃除ではなく、一年間の厄《やく》を祓い正月の準備にかかるという積極的意味を持つものであった。それは、煤払いと一緒に松迎えや節木伐《き》りをする所の少なくないこと、神棚内の古い神札を出してサイノカミに納めたり川に流して新しい神札を迎える場を整えておくこと、終了後神棚に供饌《くせん》をしハレの食品を家族一同で祝うこと、煤払いに用いた道具に特別の意味を持たせていること、この日を煤取り節供などというようにハレの日という意識で呼ぶこと、等々に表われている」とあります。

本願寺では『本願寺風物誌』に「本願寺の煤払は、その古い行事として残ってきているもので、蓮如上人の山科本願寺時代の形が伝っていて、實悟の『本願寺作法次第』に次のように記している」とあり、『實悟記』（『本願寺作法次第』）には「すゝはきは十二月廿日、古よりかはらず御入候。七時に朝勤御入候て、無讃嘆も、宵に仏前道具大概取をき、当座入候物ばかりをかれ、脇なる物はみな取のけられて、朝勤も御入候て、過候へば、則すゝはき候。夜明候はでほこり不見候間、夜の明ると同在之。一家衆も各袴ばかりにて出申候。上段もいづくもげゝをはき申、御住持御出候時、一家衆上段の左右並ゐ、そとすゝを、御住持、上人の上をはかせられ御帰候へば、各上段をば、一家衆・御堂衆同前、殿井より下はき申候。げゝも一家衆分は御堂衆被申付候き。御堂衆・坊主衆の分は自身々々こしらへはきて被出候。御祝とて、御堂にて五時の比、御住持北の局にてきこしめし、坊主衆・御堂衆相伴のやうにたべられて、白御酒一返ありと承候。一家衆などは御相伴も不申候間、不存候事にて候。白酒にて候歟」とあります。

又、『考信録』（巻五）には「十二月二十日御煤払には。宗主親く竹箒を執て。両堂の厨子を拂いたもう。坊官衆並びに御堂衆の一老手伝なり。此等正く宗主の尊きも。仏祖への奉事給仕を。親ら勤めたまえるものにして。門下衆僧への軌範なり。然るに僅に伴僧を置くほとの輩に。仏祖への給仕は。一切伴僧に委任して顧みざるもの多し。顕には法式に背くと云べきか。今夫嗜茶の輩。相互に会合する時は。主人親ら礼服を具して客を出迎し。親ら配膳し。茶を立て、供するに。尊卑の相を隔てず。まことに道に耽て己を忘るの志。嘉しつべし。況んや奉仏の徒に於てをや。何ぞ独かの嗜茶の輩に愧ぢざるや。宗主親く奉事し給えるを視れは。自余の諸僧は。親ら地を掃うとも過たりとせず」とあります。

又、『本願寺史』（第二巻）には「本願寺では例年歳末に両御堂の煤払いを行うが、宝暦十年（一七六〇）に御影堂を法如宗主、阿弥陀堂を文如宗主とそれぞれ分担してとり行い、爾後の例となった（新御所様御次日記）」とあります。

現在の本願寺のお煤払いは、新年を迎えるだけでなく、一月九日から勤まる御正忌報恩講法要に向けての準備と言う意味もあります。

現在は前日の十九日の午後に両堂の二十日の晨朝勤行に必要なもののみ残してすべて片付け、二十日の晨朝後輪灯・金灯籠などすべてのものを取り外します。宮殿と厨子は紙張《しちょう》（以前は大きな和紙でできていましたが、現在は大きな白布を縫い合わせたもの）で全体を覆い隠します。その後ご門主が鯨魚《げぎょ》という大きな草履を履いて御出座され、御煤箒《ほうき》（長さ約四メートルの竹ぼうき）で掛けられた紙張を左右に払われて退出されたら一斉に竹の棒（約九〇センチ）で畳をたたき始めます。

ご門主の退出の際、履かれていた鯨魚を「鯨魚上《あげ》」と言う役を拝命した者が受け取り、後刻内事に届けなければなりませんが、他の者がこれを奪い去る鯨魚の争奪が行われるのが恒例であります。

現在は宗務所などの部長職がこの役に当たりますが、以前は会役者が行っていたようで、これについて明如上人時代の出来事を集めた『媒䐁餘芳《ばいそうよほう》』には「往時会役者に宿意を含むものありて、割竹にて鮭魚を懸け、大衆の中に擲《なげう》ちて会役者を困うぜしめしことなどあり」と書かれていますので、この頃から始まったのではないでしょうか。

鯨魚とは『實悟記』に書かれている「げ、」のことで、室町時代によく用いられた履物で、下魚や玄魚なども書かれました。これは新藁《わら》を用いた長さ四〇センチ程の草履で、魚の形をしており、左右にひれとして六個づつ、計十二個出ていますが、これは一年の十二ヶ月を表しており、旧暦時代は閏月《うるうづき》がある閏年は十三個でありました。

又、煤払いの際に出仕の僧侶は白衣にこしごろもと言うもののみ着ますが、こしごろもは「裳」と書き、これは以前は衣の一種で「袍裳《ほうも》」というのがあり、これは頭の背後で方立になっている僧綱襟の付いた袍と腰にまとう襞《ひだ》のある裳の上下ふたつからできていて、その下の部分の「裳」の部分だけを用いたものでありましょう。

尚、お煤払いと言えば、元和三年（一六一七）十二月二十日の煤払いの終わった夜に浴室から出火し、両堂が焼失した出来事があり、その様子について『法流故実条々秘録』には「元和三丁巳年十二月廿日御煤掃の夜也。戌刻より火出悉皆《しっかい》炎上也。其外御所中御内証方迄令焼失訖《おわる》。相残候所は御堂西之門、二重屏の内阿弥陀堂之門、御影堂の門は焼候。御亭・台所・同御門・御蔵三四ヶ所此分相残候也。夜半前に焼済候、炎上の其夜は川那部豊前家へ御真影奉移候。予なと戸板にのせかき奉り候。翌日廿一日、興正寺殿御堂へ御真影御移あり。毎朝之御勤行等あり、准如上人も同興正寺殿に御座被成」と記されています。

遷仏《せんぶつ》とは

『仏教大辞彙』の「遷仏式」の項に「仏堂を改築せる時仏像を仮堂より移して新堂に安置する儀式。菩薩・諸天・祖師などの像を移す時は之を遷座式と称することあり。儀式等は入仏式に準ず」とあり、「入仏式」の項には「新に創建したる寺院に仏像を安置する儀式。入仏供養とも言う。寺院に仏・菩薩等の像を安置するに、総じて入仏

（入座）・遷仏（遷座）の儀式ありて新に建られたる寺院に仏像を安置する儀を入仏式、菩薩・高僧等の像を安置する儀を入座式と言う。又一たび建立したる寺院の焼失又は朽廃《きゅうはい》の為めに再建せられたる場合に仏像を安置するを遷仏式、菩薩・高僧等の像を安置するを遷座式と言う。其行事宗派によりて差異ありと雖《いえども》、先づ仮奉安所を定め、数多の僧侶盛装して天童などを伴い、仮奉安所より行列をなして奏楽と共に新寺に練《ね》り込み、仏像を安置して一座法要を修するを例とす。一例を挙ぐれば洒水─散華─香炉─燈明─住持─仏像─天蓋─幡─伎楽《ぎがく》の行列にて進み仏殿を三帀して入堂し、導師三礼・茶湯・伽陀・護念経・念仏回向にて式を畢《おわ》る」とあります。

又、『法式規範』の法式要語の解説の「御遷仏」の項には「本堂の御本尊を、御堂の修復または火災その他の理由で、一時的に他の場所にお移しすること」とあり、「御動座」の項には「御影堂の親鸞聖人像を、「御遷仏」と同様の理由で、一時的に他の場所にお移しすること」とありますが、以前は「御遷仏」を「御遷座」と称していましたが、本山では御本尊をお移しすることを「御遷仏」と称していますことから、増補版発行の際これに統一しました。

以上のように浄土真宗本願寺派では、御本尊をお移しする場合は「御遷仏」と言い、その他の宗祖像などをお移しする場合は、「御動座」と言うことで統一しています。

大遠忌法要以外の大きな法要

本願寺における大正時代以降第二十四代即如上人時代までの大遠忌法要以外の大きな法要などについて以下にその期日などを記します。

○源信和尚九〇〇回忌法要

大正六年（一九一七）四月四日～六日

○立教開宗七〇〇年記念法要

大正十二年（一九二三）四月十五日～二十一日　七日間

本願寺派はじめ、浄土真宗十派があわせて初めて立教開宗の法要を勤め、それ以来毎年行うようになりました

○第二十三代勝如上人（前々門様）伝灯奉告法要
昭和八年（一九三三）四月十一日～十六日　六日間（本刹計四座）
昭和二年（一九二七）十月二十一日
得度式並びに法統継承式を行う
伝灯奉告法要は当初昭和七年四月一日からの予定でありましたが、日支《にっし》事変の拡大で十一月に延期され、さらに農繁期を考慮され、八年四月十一日からと決定しました

○第八代蓮如上人四五〇回遠忌法要
昭和二十三年（一九四八）四月十日～十七日　八日間（計十四座）

○大谷本廟（無量寿堂）御造営完成慶讃法要
昭和四十四年（一九六九）三月二十五日から
第一期　三月二十五日～三十一日　七日間
第二期　四月二日～十四日　十三日間

一日一座（午前は九時半、午後は一時半）　二十日間（計二十座）
声明集別冊（正信念仏偈作法・阿弥陀経作法呉音＝第二種・十二礼作法第二種）
を発行して、出勤法中に配布

○親鸞聖人御誕生八〇〇年・立教開宗七五〇年慶讃法要
昭和四十八年（一九七三）三月十七日から
前期　三月十七日～二十六日(十)　中期　四月九日～十五日(七)
後期　五月十九日～二十一日(三)　二〇日間（計三十九座）
正信念仏偈作法第三種・御本典作法〔音楽法要〕
三月二十四日午後の座に引き続き特別慶讃法要
意訳の共通勤行（十派の宗主が出座）
五月二十一日降誕会
無量寿会作法（前卓下に階高座を配置して講師・読師を配して勤めましたが、
この時以来、講師・読師を別々に配しての法要は現在までありません）

○第二十四代即如門主法統継承式
昭和五十二年（一九七七）四月一日
ご譲渡式（真実閣において晨朝前五時四十分より）
勝如上人から即如上人へ門主の権能を表徴する「お鑰《かぎ》」「ご印」「ご衣体」を譲渡
その後晨朝勤行　両門様御出座
第一部　法要（午後一時半）
本堂　重誓偈作法　　御影堂　十二礼作法
第二部　式典
御影堂（内陣下の特設台上にて）
勝如上人ご消息（知堂代読）・即如上人ご消息（御親読・総長拝受）など
○第二十四代即如門主伝灯奉告法要
昭和五十五年（一九八〇）四月一日から

前期
第Ⅰ期　四月一日～十二日（十二）　第Ⅱ期　四月十八日～二十七日（十）
第Ⅲ期　五月五日～十四日（十）　第Ⅳ期　五月二十五日～六月三日（十）
後期
第Ⅰ期　九月五日～十四日（十）　第Ⅱ期　九月二十七日～十月六日（十）
六十二日間（一日一座）
四月一日（午後一時）
本堂　至心礼・十二光讃・結讃（新制定）
御影堂　三奉請・表白・頌讃（新制定）・正信偈・念仏回向
法要引き続き　記念式典（「教書」を発表されるなど）
四月二日（午後）
大谷本廟（仏殿）頂礼文・重誓偈（律曲）・回向
（明著堂）頌讃・正信偈・念仏回向

【法要儀式の部】

四月三日から

奉讃伝灯作法

本堂と御影堂をひとつにして法要を修行

御影堂南側より縁儀が参進し、両堂に分かれて入堂（御導師は本堂に御入堂）御登礼盤・正信偈（依経段）など

御導師は御影堂に縁儀にて御転座（会行事・僧綱・讃嘆衆六名など随従）

この間前門様は御影堂後堂よりお成り廊下を経て本堂後門より御出座（副会行事・僧綱など随従）

御導師御影堂御入堂・御登礼盤・正信偈（依釈段）など

毎座両堂で御親教

午前に法要、午後は両堂間に行事用舞台を設置して伝灯の行事

○本願寺本堂（阿弥陀堂）昭和御修復完成奉告法要

昭和五十九年（一九八四）十月二日

阿弥陀経にて経切太鼓を依用

本願寺本堂昭和御修復完成慶讃法要

昭和六十年（一九八五）五月二十二日〜三十一日　十日間

慶讃本堂修復作法（本堂―讃佛偈、御影堂―正信念仏偈）

一日二座（午前十時、午後二時）

但し、二十二日は午後の座より三十一日午前の座まで

十日間（計十八座）

○第十一代顕如上人四〇〇回忌・寺基京都移転四〇〇年記念法要

平成三年（一九九一）四月四日から

第一次　四月四日〜九日(六)　第二次　四月二十日〜二十五日(六)

第三次　五月八日〜十三日(六)　第四次　五月二十二日〜二十八日(七)

一日二座（午前十時、午後二時）

但し、四月四日は逮夜、五月二十八日は日中のみ

大遠忌法要以外の大きな法要

二十五日間（計四十八座）

正信念仏偈作法

尊号披露（勝如上人（当時前門様）が新たに書かれた九字・十字尊号を披露）

殉難者総追悼法要

四月二十七日、二十八日（一日一座）

阿弥陀経作法

○第八代蓮如上人五〇〇回遠忌法要

平成十年（一九九八）三月十四日から

第Ⅰ期　三月十四日～二十五日(十二)　第Ⅱ期　四月一日～十一日(十一)

第Ⅲ期　四月二十日～二十八日(九)　第Ⅳ期　五月六日～十六日(十一)

第Ⅴ期　五月二十二日～三十一日(十)　第Ⅵ期　六月五日～十六日(十二)

第Ⅶ期　七月二十九日～八月三日(五)　第Ⅷ期　九月十九日～二十八日(十)

第Ⅸ期　十月三日～十二日(十)　第Ⅹ期　十一月四日～十三日(十)

一〇〇日間（一日一座　計一〇〇座）

奉讃蓮如上人作法

○本願寺御影堂平成大修復完成奉告法要

平成二十一年（二〇〇九）四月二日

五会念仏作法（誦讃偈甲乙にて二偈二匝）

本願寺御影堂平成大修復完成慶讃法要

平成二十一年（二〇〇九）五月二十二〜二十六日　五日間（計五座）

大遠忌法要　依用作法の変遷

三五〇回　慶長十六年（一六一一）

逮夜：講式・正信偈繰引《くりびき》三首

日中：伽陀・三部経など

満日中：講式・念仏（坂東曲《ばんどうぶし》）など

四〇〇回　寛文元年（一六六一）
逮夜：講式・正信偈繰引三首
日中：四智讃・伽陀・三部経など
満日中：四智讃・講式・念仏（坂東曲）など
四五〇回　正徳元年（一七一一）
逮夜：弥陀懺法《せんぽう》、三十二相、如法念仏、大懺悔《おおいさんげ》・五念門、八句念仏・歎徳文など
日中：勧請《かんじょう》・三部経・九声念仏・六種回向など
満日中：揚経題《ようきょうだい》・経釋《きょうしゃく》・六種回向など
五〇〇回　宝暦十一年（一七六一）
逮夜：勧帰讃・漢音小経、三十二相、如法念仏、五眼讃、十方《しほう》念仏、八句念仏・
歎徳文など
日中：諸智讃・三部経・九声念仏・六種回向、後唄《ごばい》、対揚《たいよう》など
満日中：諸智讃・揚経題・勧請・経釋・六種回向など

五五〇回　文化八年（一八一一）
全般の記録は残っていませんが、専修寺誓阿の「初中後日中法会之次第」によれば、五〇〇回の前例によっているようであります
日中：諸智讃・対揚・三部経・六種回向、揚経題など
満日中：諸智讃・対揚・揚経題・恩徳讃・経釋・六種回向など
六〇〇回　文久元年（一八六一）
逮夜：着座讃・文類、大懺悔、三十二相・後唄、如法念仏、三選章、入出二門偈、
八句念仏・歎徳文など
日中：諸智讃・対揚・勧請・三部経・九声念仏・六種回向など
満日中：諸智讃・揚経題・勧請・経釋・六種回向など
六五〇回　明治四十四年（一九一一）
三月十六日朝座・四月十六日夕座：報恩講作法
三月二十四日夕座・四月八日朝座：大師影供作法

（前期後期の初後）

その他は無量寿会作法

報恩講作法：式文・歎徳文・後唄・恩徳讃など、（御俗姓）

大師影供作法：五眼讃・勧請・畫讃《がさん》・念仏正信偈・六種回向など

無量寿會作法：対揚・勧請・揚経題・経釋・論議など

七〇〇回　昭和三十六年（一九六一）

逮夜・日中：奉讃大師作法

満日中：報恩講作法

七五〇回　平成二十三年（二〇一一）

午前の座、午後の座：宗祖讃仰作法、宗祖讃仰作法（音楽法要）

御正当：例年の御正忌報恩講の作法（満日中：報恩講作法）

談山会《たんざんえ》のこと

『法式規範』の法式要語の解説の「談山会」の項には「藤原鎌足公《ふじわらかまたり》の祥月法要。毎年十一月十七日に阿弥陀堂で奉修する。親鸞聖人の父・日野有範《ひのありのり》卿《きょう》は、大織冠《たいしょっかん》（冠位の最高の位階。ただ一人授けられたので鎌足公の称となった）より十七代目にあたると伝えられる。鎌足公の葬《ほうむ》られた大和の多武峯（談山）寺が、明治の廃仏毀釈で談山神社と改名されたため、明如上人が氏祖の祥月法要として制定されたもの。現在でも、樒を用いた枝散華の作法が行われる」とあります。

御伝鈔の一番最初に藤原氏の出とあり、天智天皇の八年十月十六日を新暦にすると六六九年十一月十七日となります。

藤原鎌足公は大織冠とありますが、御伝鈔では「たいしょかん」と読んでおり、多武峯《とうのみね》と言うところの談山神社と言うところに埋葬してあり、ここは大化の改新の発祥の地と言われますが、「談山」とは藤原鎌足と中大兄皇子（後の天智天皇）が当地において、当時の社会の改新を親しく語らいあい、これが大化の改新を実現へ導く原動力となりました。爾来《じらい》この地は「かたらい山」と呼ばれ談山神社と言う社号もまた、ここに由来します。

明治の廃仏毀釈《はいぶつきしゃく》で談山神社と神社関係に移行し、建物はお寺の格好をしていますが、中は神社の形態をしており、それまでは神式で勤められていたのを、明如上人の明治十五年（一八八二）から参拝を考えて仏式のお勤めをするようになりました。

藤原鎌足は生前は中臣鎌子《なかとみのかまこ》と呼ばれており、亡くなる直前に大織冠となり、藤原鎌足を名乗りました。御俗姓では「藤氏《ふじうじ》」とありますが、これは「藤原氏《ふじわらし》」を略して呼ぶ場合は「ふじうじ」と言います。

枝散華については『法式規範』に「枝散華を行うときは、華籠を用いず桃・桜などの生花または樒の枝を柄香炉のように持ち、右手で花または葉を摘《つ》みとり、右前方へ散らす」とあります。

談山会においては、樒が用いられますが、本願寺では仏前結婚式で桜が用いられたこともあります。

庭儀・縁儀の意味

庭儀とは『真宗大辞典』には「庭上の儀式の意。重大な法会の時本堂前の庭上に於て行道の式をなすを云う。承和十年（八四三）十二月京都の教王護国寺（俗に東寺という）の傳法灌頂《かんじょう》に始て庭儀を執行せられしが、是れ龍樹菩薩が南天竺の鉄塔を開きし時の儀式に模倣《もほう》せるなりと云う」とあり、又『仏教大辞彙』には「法会の際仏堂の前庭を行道するを云う。真言宗にては承和十年東寺に於ける結縁灌頂に庭儀を執行してより以来具支灌頂にはこの庭儀行列を行うを例とす。蓋し是れ龍猛菩薩南天竺の鉄塔を開ける時の儀式に模せるなりと伝う」とあります。

縁儀とは『真宗大辞典』には「大法会の時本堂の周囲の縁側を行道する儀式を云う。通常は内陣に於て行道すれども出勤の僧侶多く儀式荘厳を極むるときは縁儀を行う。庭にて行うを庭儀と云うが如く縁上にて行う故に縁儀と名くる」とあります。

以上のように法会に際して、雅楽を奏したり、舞楽を演じたりと同様に、法会の意義と本質的にかかわるものではありませんが、意義を宣揚し、盛儀を際立たせ印象付けるはたらきは大きく、浄土真宗においても大きな法要には用いられます。

日没勤行の速さ

本山の日没勤行の速度は通常より随分速いですが、石山合戦当時（一五七〇〜八〇）日没勤行はお昼に勤まっており、いつ敵が攻めてくるか分からない中で法灯を守った先人らのご苦労を偲ぶと共に、その伝統を守ってきました。

平成十年頃にあまりにあわただしいなどの理由でこの伝統も中断されていましたが、平成二十一年四月に御影堂の修復が終わり、御影堂での日没勤行の再開を期に「教団には親鸞聖人のご流罪（承元の法難）や廃仏毀釈のようにきちんと後世に伝えていかねばならない歴史があり、先人らが命を懸けて法灯を守り抜いた石山合戦もその一つ。そのため今回、かつての日没勤行を復活させた」との理由で、元のように速い速度で唱えられるようになりました。

彼岸会の名称と歴史

『本願寺風物誌』によると「彼岸会の仏事は、印度にも中国にもなく、日本に始められた仏教行事であって、しかも、もっとも広く民間にしたしまれている。四季の変化に富む日本に於いて、この春秋の彼岸の好時節をえらんで、仏道修行の時期と定めて仏事がいとなまれていることは、まことに意義深いことに思われる。この仏事の起源は、聖徳太子が創設せられたとも言い、又、聖武天皇の御代に始まるとも伝え、あるいは、桓武天皇の時代からであるとも言われて明らかでないが、桓武天皇の延暦二十五年（八〇六）、詔《みことのり》を発して諸国に令し、春秋の二季に七日間、金剛般若経を転読せしめられてから、次第に広く行われるようになり、鎌倉時代には既に盛んな仏教行事となっていたようで、その頃の日記類にも記されている。真宗に於いては、蓮如上人まではこの仏事は修せられていないが、上人の五十九歳、文明五年（一四七三）、吉崎御坊で彼岸会を修して、御文章をしたためられ（中略）明如上人の明治九年（一八七六）、その名を讃仏会と改められたのであるが、近時宗制の制定に当って、元の彼岸会と呼ばれるようになり、現在に及んでいる」とあります。

『本願寺派勤式の源流』には明如上人時代に「彼岸会を讃佛会に、盂蘭盆会を歓喜会に、前住御祥月を先師会とかえられている」ともありますが、『仏教大辞彙』の「讃佛会」の項には「春秋二季の彼岸会のことにして真宗本願寺派にて用うる名称なり。真宗にて古は彼岸会を重んぜざりしもの、如く、覚如上人の改邪鈔には真宗の法門は平生業成《へいぜいごうじょう》を旨とすれば長時に到彼岸の謂あり、あながちに時節を限りて念仏修行の時と定むる謂なしとて彼岸の仏事に重きを置くべからざるをいえり。実悟記に「正月の修正七ケ日、彼岸七ケ日、本尊の御前の蠟燭のとぼされ候事、証如の御代より始候、是亦《また》尤御事と申候」とあれば仏殿に於ける行事の一たりしを知るべし。寂如上人の時自ら讃仏講式の作ありて仏事を盛修せり。讃佛会の称を用うるに至りしも亦此時なるべし」とありますように、寂如上人の時代にすでに彼岸会の呼称に讃仏会が用いられていましたが、明如上人の時代に正式な名称として改められたことが伺えます。

又『本願寺年表』の元禄九年（一六九六）八月二十六日の所に「彼岸会の諸式を改

む（通紀）」とあり、『大谷本願寺通紀』巻三にも「八月彼岸会法事飾増。本堂供物十二合。粗堂彩餅二合。初中後日中大衣《だいえ》。晨朝及余逮夜裳付五条。日没法談人之同。余衆直綴《じきとつ》五条。初中後日中式文。毎逮夜讃佛偈」とあります。

尚、元の彼岸会の呼称に戻ったのはいつかということについては、昭和八年（一九三三）版の『本派法規類纂《さん》』の「末寺法要勤式汎例《はんれい》」には「春秋讃佛会」とあり、昭和九年（一九三四）発行の『法式紀要』の「本山年中定例法要並勤式」の箇所にも「歓喜会、春秋讃佛会」とありますが、昭和十六年（一九四一）に認可され、昭和二十二年（一九四七）四月に施行された『浄土真宗本願寺派宗制』に「第二十六条　本派は左の法要を行う　第一恒例法要」の中に「九　春季彼岸会法要　三月七日間　十　秋季彼岸会法要　九月七日間　十一　盆会法要　八月十四日及十五日」とあり、この時から讃佛会は歓喜会とともに元の彼岸会、盂蘭盆会に戻されたことが分かります。

仏飯経の歴史

仏飯経とは、毎月一日（一月については旧暦時代は十一日、現在は六日）に勤まる勤行で、元は諸国仏飯月次永代経と称していました。

御影堂の晨朝勤行時に御祝奠《ごしゅくでん》とよばれる小豆《あずき》を載せた小餅を供え、通常の正信偈のお勤めをした後、それを下供し、その後その月最初のお仏飯を供え、阿弥陀経のお勤めをします。

『祖門舊《く》事記』（巻二）には「毎月朔日朝課　本堂。宗主御調声　祖殿。朝課前。奉二赤豆糍粑一。朝課後下レ之。如レ例上二飯供一。近年朝課後。仏飯講読経執行」とあり、又『考信録』（巻五）には「毎月朔日朝課の前に。祖像へ赤豆糍粑を供し。朝課畢《おわっ》て飯供と引替へてこれを下げる。称して御祝といえり。俗間に祖師存日赤豆糍粑を嗜《たしな》みたもう故に。毎朝この供ありといい伝えて。祖師会の斎食には。赤豆糍粑を用い。或は赤豆を以て菜にまじゆ」とあります。

永代経については、『本願寺通紀』（巻三）に「寛文六年（一六六六）正月十七日。

創二毎月此日読経一」「享保八年（一七二三）十二月十日創二毎月十日読経一」などとあり、寂如上人の時代から行われたようであります。

仏飯経は昭和五十三年（一九七八）までは、阿弥陀経に引き続き念仏・和讃（二首引）・回向（これらは昭和六年（一九三一）まで依用の正信偈墨譜《ぼくふ》の節のもの）を用いていましたが、現在は阿弥陀経・短念仏・回向となっています。

平成二十七年（二〇一五）より、晨朝の正信偈に引き続き御祝饌の下供とお仏飯の上供は行いますが、仏飯経のおつとめは晨朝とは別に同日の午前中に勤めるようになりました。

御祝饌については、通常の御真影前の仏飯器に一升の糯米《もちごめ》を四十個程の小餅にし、その餅の上に小豆餡《あずきあん》を載せ、竹串に刺して盛ったものであります。

これは『紫雲記』（紫雲殿金寶寺の沿革を記したもの）によると、金寶寺の道珍が、親鸞聖人に帰依して弟子となり法名明隆と改め、聖人が金寶寺に五年間住まわれました。その間に明隆が小豆餅を聖人に差上げた所、大変喜ばれたので、その後もたびたび差上げたとのことに由来していると言われています。

従って仏飯経のある日に、その前に御祝奠を供えるのは、仏飯経とは直接関わりのあることではありません。

法要の構成（組立）

大きく分けると進入部・勤修部・退出部に分けられます。

中心部の勤修部はさらに導入部・展開部・前置部・主部・後置部・別修部・終結部などに分けられます。

それぞれの法要の趣旨や時間的な制約などから省略されることもありますが、ほぼこの形式を取っています。

総礼頌は総礼伽陀などと同様に進入部に用いられ、至心礼は天台宗などの総礼三宝と同様に勤修部の導入部に用いられ、表白は展開部に用いられるものであります。

したがって時間の関係などで省略する場合、進入部の総礼頌を省略しても勤修部の導入部である至心礼や展開部である三奉請を省略していきなり表白に入るのは法要の組み立てとしては適切ではありません。

ちなみに昭和三十六年（一九六一）の宗祖七〇〇回大遠忌法要に用いられた奉讃大師作法においての表白は、展開部での三奉請の後に入れられた記録が残っています。

構成の例として、現行の声明集の無量寿経作法を例に上げますと、進入部（諸僧入堂・総礼頌）勤修部《導入部（導師登礼盤）展開部（三奉請）前置部（発起序）主部（念仏・経段・念仏）後置部（成就文）終結部（回向句）》退出部（導師降礼盤・諸僧退出）などとなります。

同じく観無量寿経作法は進入部（諸僧入堂）勤修部《導入部（導師登礼盤・至心礼）前置部（般舟讃前序）主部（念仏・経段・念仏）終結部（回向）》退出部（導師降礼盤・諸僧退出）などとなります。

又阿弥陀経作法は進入部（諸僧入堂）勤修部《導入部（導師登礼盤）展開部（三奉請）主部（念仏・経段・念仏）後置部（名義段）終結部（回向句）》退出部（導師降

礼盤・諸僧退出）などとなります。

無量寿会作法の歴史と内容

毎年の宗祖降誕会の五月二十日の逮夜法要に用いられますが、その最初は、明治十二年（一八七九）五月の大教校（龍谷大学の前身）の新築工事の完成の慶讃会及び開場式が行われた時であり、『本願寺史』（第三巻）に「開場式で、無量寿会作法があり、それは本宗所依の経典の要文によって論議を行う勤式で、宗主が古来の法会のなかから著名な比叡山の法華八講《ほっけはっこう》や南都の維摩会《ゆいまえ》などを参考して真宗の勤式作法を制定し、無量寿会と称呼して、この時初めて行ったものである」とあり、寂如上人時代の宗祖四五〇回大遠忌法要以来用いられていた論義の作法を復活されたものであります。

この作法の論義では、大原の勝林院の大原問答のように講師《こうじ》と読師《どくし》が階高座で向かいあって行いますが、近年は両方を兼ねた講読師《こうどくし》として行うので、通常の登礼盤作法で行われます。

本山での階高座の形で講師と読師が分れての法要は、昭和四十八年（一九七三）に勤まった宗祖ご誕生八〇〇年・立教開宗七五〇年の三期にわたる法要の最終日の五月二十一日の無量寿会作法で用いられたのが最後であり、この時は本当の階高座ではなく、礼盤を向かい合わせに置いて階高座のようにして行われました。

両方兼ねた講読師の場合は、礼盤の向卓に据箱と如意《にょい》を置き、更にその前に立経台も置きます。如意とは「思うようになること。おもいのまま」と言う意味があり、孫悟空が持ったのは、如意棒と言う持ち物で「思いのままに伸縮し、自在に扱うことのできる架空の棒」と言う意味があり、先が雲形になった棒のことで答えを出す時に持って答えますが、これを如意と言っています。

論題は現在は業義《ごうぎ》は『大無量寿経』だけですが、明治四十四年（一九一一）の六五〇回大遠忌法要の時は『観無量寿経』や『阿弥陀経』の論義も行われました。

論題には業義と副義《そえぎ》があり、現在は業義は毎年「出世本懐」です。副義は業義と関連のある題を七祖と宗祖の撰述中より選びますが、現在は「行信一念」「特留此経」

「一心帰命」「十劫久遠」四つであり、一年にひとつづつで四年間で一回りしますが、昔はもっと多くのものがありました。

論義の諸役には、証誠《しょうじょう》・題者《だいしゃ》・講師・読師・問者《もんじゃ》・堂達《どうたつ》があります。

証誠は論義が正しく行われることを確認する者で、御門主の所役であり、題者は論題を選んで出題し、論義が終わると精判《せいはん》を行う者で、通常証誠が兼ねます。

講師は論題について講じ、問者の発問に対して解答する者で、読師は本来は問答している間にお経を読み続けますが、講師と兼ねる場合は、最初の経題と経釋の最後の「南無仏説無量寿経」を二回を言うことで、それを兼ねています。

問者は講師に発問する者で、知堂が当たりますが、昔は無本で問いの部分を発しましたが今は卓を置き、問いを書いたものを見て行っています。もっと以前は原稿はなく、論題の中から本当にその場で問答が行われたと言われています。

堂達とは、元々天台ではお勤めの途中で鐘を鳴らすものを言いますが、証誠の御門主が論義の終了で「カネ」と言われたら回畳に置いてある磬をひとつ打ちます。結衆の動作は何もしないので、三奉請での座前立列や散華もしません。

精判は証誠が題者を兼ねる場合は、通常は精判を行わず、堂達に打磬が命ぜられます。

登礼盤作法はこの法要に限っては高座に登る形をとりますので、登高座といいますが、大谷派では礼盤に登ることを常に登高座と言っているようです。

この時の楽は、普段は導師が登礼盤作法で本を頂いたら止めますが、この法要は散華頭（この法要だけは一名で北側の第一席の者が勤め、昔は天台の散華師に当たる役で、以前は知堂の一﨟が勤めた）が礼盤下に立って止め手となります。

表白は、宗祖の降誕に関するものが述べられており、平成三十年（二〇一八）で八百四十六回となります。（数えの数え方で数えます）

論義を用いた法要は、奈良の興福寺や比叡山の延暦寺などで、千数百年前から盛んに行われてきましたが、本願寺でこれを最初に取り入れたのは寂如上人で、母親である揚徳院の十七回忌や二十五回忌、三十三回忌の時、女人成仏の論義が行われた記録が『本願寺通紀』に残っています。

立教開宗記念法要と記念日

立教開宗とは、『浄土真宗辞典』によれば「独自の教義を立てて一宗を開くという意」とあり、浄土真宗の立教開宗は「親鸞が『教行信証』を撰述し、『大経』の教説にもとづいて往相・還相の二回向を骨子とする教義体系をあきらかにしたことによるとされる。真宗諸派では、『教行信証』を立教開宗の根本聖典とし、「化身土巻」に示されている元仁元年（一二二四）をその撰述の年とみて、これを立教開宗の年と定めている」とあります。

立教開宗七〇〇年に当る大正十二年（一九二三）に真宗各派は立教開宗七〇〇年記念慶讃法要を初めて勤めましたが、大谷派は四月九日から、興正寺派は同十一日から、本願寺派は仏光寺派と共に同十五日から七日間勤めました。

その際各派が協調して毎年四月十五日を記念日として定め、以来本願寺派では毎年四月十五日前後の数日間を立教開宗記念法要として勤め、春の法要ともいっています。

「法要儀式規程」には立教開宗記念法要は「四月十五日前後の七日間以内」となっ

ていますが、近年は四月十三日から十五日までとし、歴代上人の年忌法要などのある年は十五日のみとしています。

尚、一般寺院などにおいては、「開宗記念法要」として勤めることとなっています。

【葬儀の部】

往観偈《おうごんげ》と帰三宝偈

往観偈は、葬儀の際の納棺勤行に用いられますが、『葬儀についての一考察』に「「往観偈」は「大経下巻」にお説きになってあります。「東方諸仏国其数如恒沙」の一言百二十句三十行の偈文を申しますので、その最初に「東方諸仏国」とありますところから「東方偈」ともいわれています。（中略）「往」は「往詣」の義のようでありまして、偈文の前文に「無量無数諸菩薩衆習悉往詣無量寿仏所」とお説きになってありまして、十方諸仏国の大菩薩衆が極楽浄土に往詣して阿弥陀如来に謁見《えっけん》されますことを「往詣」と申しますようで、十悪五逆の泥凡夫のこの私が、勿体《もったい》なくも仏国土にいよいよ参らせていただきます時に当りましての「偈文」でありまして、まことに極みない有り難さであります」とあります。

又、『仏教大辞彙』には「無量寿経巻下に出づる偈頌。東方偈とも称す。五言百二十句（三十頌）あり。十方の菩薩安養界に往詣することを述ぶ。初に東方諸仏国以下は菩薩の往覲、次に応時無量尊以下は弥陀授記の説法、次に諸仏告菩薩以下は諸仏の勧讃、若人無善本以下は釈迦の勧讃を述ぶ。此偈の主とする所は菩薩の往覲を明すにあれば往覲偈と称すれども、頌の最初に東方諸仏国とあるより東方偈とも称するなり」とあり、「往覲」の項には「仏国に往詣して仏に見ゆること。往は往詣、覲は曲礼に「諸侯北面而見二天子一曰レ覲」と見ゆ。無量寿経に往覲の偈ありて十方の菩薩、安養界に往詣することを明せり」とあります。

帰三宝偈は、葬儀の際の出棺勤行に用いられますが、『葬儀・中陰勤行聖典』には「『帰三宝偈』は中国の唐の時代の大念仏者・善導大師（六一三〜六八一）の主著『観経疏』（『仏説観無量寿経』に対する四巻の注釈書）のはじめに、仏・法・僧の三宝に対する帰依・尊敬を述べ、浄土往生を願われた偈（詩）で、中に、〝説偈帰三宝〟という言葉が見られるのでこの名があり、十四行（五字で一句、四句で一行）あるので、『十四《じゅうし》行偈《こうげ》』とも呼ばれます。日頃、一緒にお仏壇に向かうことの少なかった私たちですが、故人が自分の家の仏壇に向かって行う最後の勤行です。共々に三宝に帰依し、往生浄土の道を歩むことを誓いながら、この偈を力強く読誦しましょう」とあります。

又、『葬儀についての一考察』には「帰三宝偈（善導大師の観経玄義分の巻頭にあります偈文でありまして、最初に『先勧大衆発願帰三宝』とありますところから、この偈文を『帰三宝偈』といい、また『先勧大衆』の語によりまして『勧《かん》衆偈《しゅうげ》』とも、或は（四句を一行と致しまして）十四行ありますので『十四行偈』ともいわれています）でありまして、この偈文は蓮如上人の頃より御依用になりまして今日に及んでいるようです」とあります。

　これについて『大谷本願寺通紀』には「明応八年（一四九九）己未三月二十六日辰時。信證院宗主（蓮如上人）荼毘式　祖殿　早正信偈。早念仏回向　仏殿　十四行偈早念仏回向」とあります。

そして『考信録』にも「出棺の時。必ず帰三宝の偈を誦することは。凡そ剃髪出家すれば。三帰を受しむるもの通仏法の式なり。いまも屍体に剃髪し。法名を授けぬるゆえに。先づ三宝に帰せしむるの意を含んで。この偈を誦するか。もし然《しか》らば平日剃髪せる人及僧侶は。この限りにあらずと雖《いえど》も。今はたゞ多分に従て法となれるより論ずるのみ。但しかようの類。偶爾《ぐうじ》として法となれるもの多し。必しも強てその説を求むべからず」とあります。

棺覆《かんおお》い（七条袈裟）のこと

『葬儀規範』の「納棺について」のところに「棺は、納棺後、七条袈裟または、棺覆い（白布または錦織《にしきおり》りの布）にて覆う」とあります。

又、『真宗の葬儀』の「七条袈裟をかけて」のところには「特に浄土真宗の場合は、お棺の上に、僧侶の装束で最高のお袈裟と言われる七条袈裟をかけます。本来は、ご門徒のお宅で葬儀があると、お身内の方がお寺に、修多羅という結び紐をかけた「棺掛け七条」というのを借りにこられるのが習慣で、（中略）近頃の葬儀社では、棺覆いと呼ぶ金襴の布を掛けるだけです。本来は意味が違うのです。なぜならば、七条袈裟を掛けるということは、出家者と同じ形で葬送するという、真宗の独自性をあらわすものだからなのです」とあります。

尚、棺を七条袈裟で覆うということがいつ頃から始まったかと言いますと、『本願寺の葬制』の中で明応八年（一四九九）の第八代蓮如上人の葬儀について「門徒との対面を終えた蓮如の遺骸は入棺の儀がおこなわれ、ついで板輿《いたこし》にのせ、まず御影堂に安置して勤行のあと、阿弥陀堂へ移し、（中略）この棺について明誓の手記は、「御棺の上に七条をかけ可ㇾ申き分にて候しかども、見失《みうしな》わる、あいだ俄《にわか》に絹を用意ありてかけ申さる、也、以後は七条をかけ可ㇾ被ㇾ申也」とのべており、以前から棺覆袈裟の風習の存在したことが知られる」とあります。

又、大永五年（一五二五）示寂の第九代実如上人の葬儀の記録を記した『實如上人闍維《じゃゆい》中陰録』に「御棺をば。御影堂内陣の拭板正面の際きわにおかる。七条の袈裟をかけらる」とあり、又、永正十五年（一五一八）往生の蓮如上人の室である蓮能尼の『蓮能御往生記』には「先棺を御堂へ出し。次の間の正面上壇のさいのきわのた、み二畳をあけて棺を置。その上に七条の袈裟をおおわる」とあり、蓮如上人の時代にすでにこの習慣があったことが伺われます。

紙華のこと

葬儀の荘厳壇に用いる紙華については、『仏教大辞彙』の「紙華」の項に「葬儀の時棺前に用うる紙製の供華。或は四華に作る。俗に紙華ばなと云い、左右一対あり。一瓶に四本づ、を挿み、双方合せて八本とす。白紙を櫛《くし》型に切り、竹又は苧柄《おがら》に巻きつけて造る。或は双方色を異にし白・青又は金・銀とすることあり。是れ釈迦牟尼仏の入滅の時其側に立てる沙羅《さら》双樹《そうじゅ》の色変じて白鶴の如しといえるに象《かたど》るものにして、四本づ、とするは四枯《しこ》四栄《しえい》の説に基づくなり」とあります。

又「四華《しけ》」の項には「四種の蓮華。優鉢羅華《うばらけ》・波頭摩華《はづま》・倶勿頭華《くもつづ》・分陀利華《ふんだり》是れなり。何れも印度に生じ、香気ありて其状亦美わしきより貴ばれ浄土の荘厳とせらる。無量寿経巻上に「其池の岸上に栴壇樹《せんだんじゅ》ありて華葉垂布し、香気普《あまね》く薫ず、天の優盋羅華・盋曇摩華・拘物頭華・分陀利華は雑色光茂せり」と云える是なり。或は其色に依りて名づけ、青蓮華・紅蓮華・白蓮華・大白蓮華と称することあり」とあります。

さらに「四枯四栄」の項には「釈迦牟尼仏、拘尸《くし》那城《なじょう》娑羅《しゃら》樹林《じゅりん》に於て涅槃に入らんとせる時、其周囲に在りし四双の娑羅樹は枝葉を垂れて枯悴《こすい》の状をなせるをいう。四双の樹幹は涅槃の四徳なる常・楽・我・浄を表するなり。涅槃は是れ非枯・非栄にして生滅の相を離れたるものなることを標して四枯四栄というなり。（中略）凡夫は無明の惑に覆われて世間の非常・非楽・非我・非浄のものを誤って真の常・楽・我・浄とし、遂に煩悩悪業を増長せしむるが故に、栄えたる双樹に喩《たと》えて四楽といい、二乗は無明の惑に覆われて、法身常住の常、涅槃清浄の楽、仏性真実の我、如来清浄身の浄とを誤って無常・非楽・無我・不浄となし、遂に無常・苦・空・無我等を観じて煩悩を枯し生ぜざらしむるを枯れたる双樹に喩えて四枯といへるなり。（中略）如来は四倒を離れ常・楽・我・浄を了知すとは是れ四栄にして涅槃の四徳を指せるなり。後世涅槃像を書くに当り前後左右に四双の娑羅樹を配し、何れも樹葉の一半は萎縮して生気なき状とするを通則とせり。又葬儀に際し、棺前に用うる紙華はこの娑羅双樹の四枯四栄に象《かたど》るものなりという」とあります。

又、『真宗大辞典』の「四華」の項にも「支那宋代の道誠の著わされた釋氏要覧巻下（送終篇）に「白紙を用いて沙羅華を作る、八樹以て縄床に簇《むらが》らしめ双林の相を表わす」とあれば支那に於て古く行われ、而《しこう》して我国に伝わりしものなることを知る」とあります。

葬場勤行の正信偈

正信偈について『本願寺風物誌』の「舌々《ぜぜ》」の所に「舌々の勤行は、古くから一般に葬儀勤行として用いられてきている。これは蓮師以来のことで、歴代宗主を始めいずれの葬儀でも、この舌々が用いられてきたので、広く一般に行われるに至ったものである。これは、舌々が平素朝夕の勤行であったからであろう。葬儀にあたって、その当人が、いつもお勤めしていた勤行で、葬送することは、もっとも自然なふさわしいことであって、私はこゝにも、蓮如上人が勤行を大切にされていた一端がうかゞわれるように思っている。しかし、現行には、舌々の勤行はないし、平素は、草譜の勤行になっているので、現在の規定では、葬儀には草譜の正信偈を勤めることになっている。それでも、長い慣習は改めがたいもので、今でも多くは、どことも舌々の正信偈を葬儀勤行として、用いているようである。しかも、それは、往時の舌々ではなく、近来の舌々でもない、甚だ不正確なものになってしまっている」とあります。

昭和六年（一九三一）の正信偈の改譜にともない、葬場勤行の正信偈も昭和九年（一九三四）に草譜に変更され、『法式紀要』の「末寺葬儀」の項に葬場勤行の次第として「正信偈（艸譜《そうふ》）」とあります。

又、昭和二十三年（一九四八）発行の『真宗本派　勤式集』にも「葬儀式場勤行次第」に「正信偈（草譜）」とあります。

しかしながら、上記にもありますように変更後もなかなか定着せず、昭和四十六年（一九七一）に勝如上人の御認許をいただいて葬場勤行の正信偈は旧の五種正信偈の内の「舌々行」の譜を用いることと定められましたが、本来の舌々行の唱え方である御文を所々略して読む舌々の形式は用いず読誦し、「五劫思惟之摂受」の所で調声が入るのが、舌々の形式を表しているのであります。

以上を踏まえ、昭和四十八年（一九七三）に親鸞聖人御誕生八百年、立教開宗七百五十年の記念出版として発行された『葬儀勤行集』では、その正信偈が掲載されています。

尚、正信偈の最後の「弘経大士宗師等」の「大士」と「宗師」に「大」と「宗」に「引」がありますが、草譜の場合は、共に二拍で唱えますが、舌々の場合は「大」が一・五拍、「士」が〇・五拍のように唱える違いがあります。ところが「経」については、本来の舌々行には「引」がなく、一拍でありますが、草譜と混同して、二拍で唱えることが定着してしまっており、昭和六十一年（一九八六）発行の『浄土真宗本願寺派　葬儀規範勤式集』では、あえて「引」を入れ、二拍で唱えるようにしましたので、現在の葬場勤行の正信偈は、舌々行と草譜の混合のようになっているのが現状であります。

葬場勤行の和讃

葬場勤行で、正信偈の後に和讃を二首引くことは、蓮如上人の遺言により、上人の葬儀には正信偈を唱え和讃を二、三首唱えてほしいと書き残されたことから始まりました。

平成十四年（二〇〇二）の第二十三代勝如上人の葬儀の際には、従来の宗主の葬儀に準じて、念仏「無始流転ノ苦ヲステテ」念仏「南無阿弥陀仏ノ回向ノ」「如來大悲ノ恩徳ハ」の順で三首用いられました。

現在一般の葬儀に用いている和讃は、『建法幢』によりますと「男女各和讃二首は明治以後に真宗各派協議のもと定められたと伝聞する」とあり、それ以来のものと考えられます。

『法式紀要』にも「二首添引」とあり、昭和初年当時既に一般の葬儀は二首であったと考えられます。

明治九年（一八七六）三月に真宗四派で共通の寺法として作成された『宗規綱領』の第四編「法式」の第六款「葬儀」の項には「勤行　正信念仏和讃回向」とだけしかありませんが、先の『建法幢』の記載とあわせて考えると、そのときに男女の別の和讃を二首唱えることが決められたのではないかと推察されますが、それ以前については定かではありません。

以前の二首の和讃には、男子用「本願力ニアヒヌレバ」と「如来浄華ノ聖衆ハ」の二首と女子用「真実信心ウルヒトハ」と「弥陀ノ大悲フカケレバ」の二首があり、昭和六十一年（一九八六）に『浄土真宗本願寺派葬儀規範勤式集』が発行された時に男女の和讃の区別は差別につながるとのことから男女共に男子用二首に統一されました。

その際それまで二首連続唱える場合の添え引き（二首目の一句目を唱えず、二句目の頭を調声する）の形を止め、二首とも四句とも全部唱えるように変更し、名称も「添え引き」と呼ぶのを止め、「和讃二首引」と変更しました。

和讃二首の節については、正信偈と共に昭和九年（一九三四）に改譜（略譜を採用）されたようであり、その譜は昭和二十四年（一九四九）に発行された『龍谷勤行要集』の初版の本に残っていますが、昭和四十六年（一九七一）に葬場勤行の正信偈が現行の正信偈に決定された時、和讃二首も現在の譜に改められたものと考えられます。

尚、現在の葬場勤行の譜は念佛和讃は旧五種正信偈の中拍子のものであり、回向は艸のものを用いています。

中陰とは

『仏教大辞彙』の「中陰」の項に「人死してより後、未だ次生の縁を感ぜざる七七日の間を云う。是れ旧訳にして新訳家は之を中有《ちゅうう》とせり。又善處に生ぜしめんが為め初七日より七七日までの毎七日に誦経するを中陰の法要と云うことあり」とあり、「中有」の項には「四有《しう》又は七有の一。今世死有《しう》と来世生有《しょうう》の中間に於ける五蘊《ごうん》の身を云う。又中陰と称す、中有の五陰の義なり。其他異名多し」とあります。

又、「四有」の項には「有情の輪廻転生に於ける一劃《かく》を四期に分ちたるもの。中有・生有・本有・死有の称。大小乗の通目なり。中有とは前生と今生、若しくは今生と来生との中期に於てある身なり、生有とは今生托生の初の身なり、本有とは生れ畢《おわ》りて死するまでの身を云い、死有とは今生最後の身なり、雑心論巻九には之を壊有と称す。此等を四有と総称するは有は不亡・存在の義にして有情流転の因果、展転相続して滅亡せず、五蘊和合の有情生死輪廻しつ、常に三界に在るが故に、其一期を劃して四とせるを四有と称するなり」とあります。

さらに「七七齊《さい》」の項には「人死して後、初七日より七七日迄の間七日毎に追薦《ついせん》修福の為め修する法要。累《るい》七齊或は齊七日ともいう。初七日以下に異称ありて一七日を所願忌・二七日を以芳忌・三七日を酒水忌・四七日を阿況忌・五七日を小練忌・六七日を檀弘忌・七七日を大練忌と呼び、一七日を初七日、五七日を三十五日、七七日を満中陰又は四十九日とも称す。中陰とは中有ともいい、人此世に死して未だ当来の生縁を感ぜざる間なり。極善と極悪とには中有のあらざるも中善・中悪の人は死して直ちに生處定らず、必ず中有（中陰）の身を感じ生縁の熟するを待たざるを得ず、中有に迷うとは之を云うなり。中有は短きは七日、長きは七七日に限るものなりとす。中陰の期間に於て七日毎に齊会を設け、誦経礼仏して亡者に回向するは其冥福を薦《すす》めて善處に生ずるを得しめんとするなり」とあります。

『仏事の心得』の「中陰」のところには「中陰は亡くなった日から数えて四十九日間のことをいうのであります。七日ごとに仏事を行い（初七日、二七日など、あるいは七七斎、累七斎とも斎七日ともいう）、七七日をもって、「満中陰」（あるいは尽七日《じんしちにち》）といいます。なお、死亡の翌月の命日（初命日）を「初月忌」といって、中陰中の仏事に加えています。他宗では、遺族や知人などが善根功徳を積んでその果報を死者にふりむけてやることができるとして、中陰のあいだに法要や読経などを修して死者を悪道から逃れさせようとするものがあります。真宗では、この法要をご縁として、亡くなった人を追慕するとともに、経典などを読誦して、崇高な仏徳を仰いで讃嘆し、ご法縁に接することで、まず自身が信心治定の身となること、または深めさせていただくこと以外にはないと、いわなければなりません。（中略）この中陰は、「中有」ともいいます。通仏教的には、衆生が死亡して後、次の生が六道（地獄、餓鬼、畜生、修羅、人間、天上）のいずれかに定まるまでの中間の状態をいうのでありまして、中有に迷うというのは、このことをさすようであります」とあります。

さらに『浄土真宗本願寺派　葬儀規範　解説』の「中陰法要の意義」のところに「一般的に、「中陰」という語は、「中有」の同義語であると考えられています。仏教において、人間とは、五蘊《ごうん》（色《しき》・受《じゅ》・想《そう》・行《ぎょう》・識《しき》）が仮に和合《わごう》して、その姿をとっていると説かれていますが、そのあり方について、生有・本有・死有・中有という四有があるといわれています（『阿毘達磨倶舎論《あびだつまくしゃろん》』）。このうち、生有と死有は、生まれる刹那《せつな》（瞬間）と死ぬ時の刹那を指しますが、この死有から生有の間（死んでから生まれるまでの中間の存在）を「中有」といい、その期間を四十九日（七七日）としていることから、故人の死後、次の生を受けるまでの四十九日間は、生と死との間を彷徨《さまよ》う状態にあるなどという考え方が生れたものといえます。しかし、浄土真宗においては、本願を信じ念仏するものは、阿弥陀仏に摂め取られて、既に往生することのできる身に定まっていますので、現生《げんしょう》の命を終えると、直ちに阿弥陀仏の浄土に往生して仏となるのですから、このような中有の意味で法要を行うことはありません。浄土真宗における「中陰法要」とは、故人も後に遺されたものも、阿弥陀仏に等しく摂め取られていることに対して、「報恩感謝」の思いをめぐらし、人生の拠り所を阿弥陀仏の浄土に見据えて歩ませていただくという法縁を開くためのものであるということです」とあります。

「尽七日」については、歴代の宗主などの忌明けに際して用いられた言葉のようでありますが、語源は『日本国語大辞典』の「尽七忌《じんしちき》・尽七諱」の項に「四九日の仏事。空華日用工夫略集」とあり、『空華日用工夫略集』とはその出典一覧に南北朝時代から室町時代の臨済宗の僧侶である義堂周信の作とあります。しかし、それより時代が後の『蓮如上人御往生記』『実如上人闍維《じゃゆい》中陰録』『蓮能御往生記』などには「四十九日」とはありますが「尽七日」の語は見当たりません。又『本願寺の葬制』では、蓮如以降の実如上人、顕如上人、教如上人などの中陰について、短縮して勤められたと記載のある中で、「尽七日忌」という言葉が使われています。以上のことからいつの時代からかは不明でありますが、歴代の宗主などの中陰について「尽七忌」から「尽七日忌」となり、それを略して「尽七日」と称されるようになったのではないかと推察されます。

尚、中陰が三カ月にまたがるの嫌うことがありますが、これについては、宗報に掲載された本願寺仏教音楽・儀礼研究所のシリーズ『葬送儀礼の問題を考える』の第二回「中陰の「三月がかり」を避ける習慣」の中に「仏教史学者の中井真孝氏は、室町時代の将軍の中陰について記した貴族の日記に、すでに中陰の「三月懸《が》かり」を避ける文言があることを指摘し、その背景には、「月の朔日《ついたち》または晦日《みそか》の行事を二回も続けて止めることが出来なかった」当時の官僚たちの事情があったのではないか、と推察されました（『読史余語』五頁、二〇〇三年、私家版）。つまり、中陰の「三月がかり」をはばかる風潮の根源は、死の忌《いみ》を三十日とする仏教受容以前の習俗（『延喜式《えんぎしき》』）と、仏教の四十九日の儀礼との整合性をもたせるためではなく、「服喪《ふくも》」による公務停滞を最小限に止めたいという世俗の論理が働いていたのかもしれません。そして、この中陰儀礼の短縮が次第に流布していくにつれ、中陰の元来の意味が忘れられてしまい、「始終苦が身につく」という語呂合わせが生まれたのでありましょう。まさにこれは、儀礼の非仏教（真宗）的見地よりの後づけの典型ではないでしょうか」とあります。

ふぎんの漢字と意味

地方によっては、葬儀の際導師以外の結衆を「ふぎん」などと呼称する所もありますが、その漢字は「諷経」と書き、意味について、『仏教大辞彙』の諷経の項には「仏殿に集りて経文を諷誦すること。（中略）後世には葬礼の際請ぜられて之に臨み、導師の傍《そば》に在りて助音することを諷経と称す」とあります。

又『広辞苑』には「(「経」の唐音はキン。フキョウとも)声をそろえて経文を読むこと」とあります。

従って、葬儀の際の「ふぎん」とは「諷経」と書き、葬家が縁のある僧侶を招き、導師と共に声を揃えて読経してもらうことを言うようになりました。

六道銭のこと

『仏教大辞彙』の「六道銭」の項には「死者を葬る時棺内に収むる銭のこと。通常は紗《しゃ》にて作れる頭陀袋《ずだぶくろ》を死者の頚《くび》にかけ、銭六文を中に容《い》れ、或は単に墨にて銭形を袋に書くことあり。俗説にては中有《ちゅうう》に在りて六道を輪廻する時の路用にして三途川の渡銭等に使用せしむる為めなりと云えり。是れ支那にて古より行われたる瘞銭《えいせん》の習俗にして(中略)又支那にては此紙寓銭のみならず、常に好愛せる器什をも共に埋むるとあり。又亡者に託して銭を冥庫に寄せ罪を免れしむる説あり、之を寄庫銭《きこせん》と云う。

蓋《けだ》し死者に対する追慕の情に出づるなるべきも理《ことわり》として不当なり。真宗にては斯《か》かる風儀を用いず。又寛保十年（寛保元年は一七四一年であるが、寛保は三年までしかなく、十年は誤りか）三月二十七日幕府より諸寺に下せる命令に「棺中に金銀銭を入る、は無益の事なる間その旨を説き聞かせ止めしむべし」とあり」とあります。

又『真宗事物の解説』にも「六道銭とは死者を棺中に入れる時中に収むる銭のことで、六道を輪廻する路用銀という意味にして、三途川の渡銭などにも使用せしむるためというのである。普通は紗にて作れる頭陀袋を死者の頸にかけ、銭六文を中に入れ、時にはその銭の代りに、白紙に墨をもって銭形を書き袋にいれる事もある。この六道銭の所以を尋ぬれば、中国の俗説より出たもので、死者が死後一定の住所に定まらざる中有の間にいるをなぐさめる思想より現われたものである。（中略）真宗は信一念にて往往成仏に間違いなき身と定まり、臨終捨命の夕べに大涅槃を証得する者なれば六道の辻に迷ういとまもあらず、もとより六道銭の用なきは明らかな事である」とあります。

【故実の部】

位牌の意味

元々位牌は仏教より出たものではないので、広大なお経の中にも位牌について記したものはなく、インドには位牌を用いた形跡はありません。

中国では仏教以前より位牌は用いられ、宋の時代に禅宗が広まるとともに、仏教にも用いられるようになりました。

わが国でも室町時代に禅宗が伝わるとともに、この風習が盛んに行われるようになって、今日も用いられています。

元々位牌と言うのは『真俗仏事編』には「我親先祖等のそれぞれの在世の位官姓名を書誌《しょし》め其神霊を斯《これ》に託し憑《より》しむ故に位牌と名づく」とあります。

『仏教大辞彙』には「死者の法名を書し仏壇中に安置するの牌。儒教の神主、木主より転ぜしものなるべし。（中略）位牌というは神位の牌というべきを略して位牌と称せるものにて儒教などより来りしものならん」とあります。

又『考信録』にも「先祖父母を祭るに。神主あり神牌あり。神主は亡者の正体也。影像と同じ義なり。神牌は亡者の神霊の居所を記すふだ也。何れも木にて作る物なれども。其義別也。其制同じからず。題名も。神主には某の神主と書し。神牌には某の神位と書す。神牌をば神板とも云。今の世に位牌という是也。按ずるに位牌というは。神位の神牌というべきを。略して位牌と称せるものにや」とあります。

さらに同じく『考信録』には「実悟記に実如上人の持仏堂に。蓮如上人及蓮祐禅尼（実如上人母公）の両影をかけたる事を載たり。古来の風儀なるのみ。位牌の事も。寿像に同じく供養するならば。その理これに准ずべし。其余はただ法名忌日を記する標《しるべ》までとし。或法事の節これを傍《かたわ》らに置も。ただ某の志の法事なるを示す為の備えというべきにや。爾るに位牌を本尊の正面の卓上に安ずる輩《やから》あり。（中略）尊儀を觝突するの甚しきなり。誤作ならば速に改むべし」とあるように、浄土真宗においては、原則として位牌は用いず、過去帳に個人の法名・俗名・命日などを記して記録とし、礼拝の対象としないのが本来であります。

御黒戸《おくろど》のこと

本願寺派では、御黒戸とは大谷本廟の仏殿の裏にある建物のことを言いますが、一般的には『広辞苑』には「黒戸」の項に「①清涼殿の北にある戸。また、その戸のある部屋。黒戸の御所。②（女房詞）仏壇。【黒戸の御所】黒戸の西に連なっていた、細長い部屋。薪《たきぎ》の煤煙にすすけて黒くなったのでいう。くろど」とあります。

『国史大辞典』の「御黒戸」の項には「中世・近世の内裏《だいり》の持仏堂で、黒戸御殿ともいう。応永八年（一四〇一）―九年造営の土御門内裏では清涼殿の北にあり、『福照院関白記』にその図が出ている。称光・後土御門両天皇は御黒戸で崩御《ほうぎょ》になり、そのつど改築された。近世では慶長から安政まで八回造営され、その位置も規模も多少変わっているが、御仏壇・上段・下段からなる小建築であった」とあり、「清涼殿」の項の中にも御黒戸について「母屋のその北二間《ふたま》の夜御殿《よんのおとど》は天皇御寝の所で、寝殿造の塗籠にあたる。夜御殿の東の庇《ひさし》二間は二間で、観音像を安置した」とあります。

又、『有職故実研究』の「平安京及大内裏」の中にも「夜御殿の東方、南北二間、東西一間の室を二間という。仏間で、夜居の護持僧の伺候した処で、畳二帖を敷き、北の間、妻戸《つまど》に向て、阿闍梨の座として、半畳一つを敷き、南の間は、御講の時などには、本尊観世音菩薩の画像を、寄せ障子に懸けて祈念した」とあります。

尚、徒然草には「黒戸は、小松御門、位に即かせ給ひて、昔、たゞ人にておはしましし時、まさな事せさせ給ひしを忘れ給はで、常に営ませ給ひける間なり。御薪に煤けたれば、黒戸と言ふとぞ」（黒戸は、光孝天皇が即位されて、昔臣下の列におられた時、さして重要でないことをしていたのを忘れないで、その後も自らこの部屋を使って料理などされた。その為に煤で黒くなったので、黒戸というのである）とあります。

大谷本廟の御黒戸については、『本願寺史』に「（明治）十三年（一八八〇）七月大宮御所の御黒戸を下賜《かし》されたので、仏殿裏に建設し、尊牌を安置した。もっとも、御黒戸はこの後明治四十一年（一九〇八）四月境内拡張のため一時本山に収め、同四十四年（一九一一）十一月現在のところに再営された」とあり、『明如上人伝』にも「同十三年（一八八〇）大宮御所の御黒戸を下賜せられしにより之を大谷に建設せり。『明如日記』明治二十二年（一八八九）亀山帝聖忌記の条に曰く。道場者本廟仏殿とす。当時、尊牌は御黒戸に安置に候得共、御黒戸は明治十三年（一八八〇）行幸之砌《みぎり》、大宮御所御取縮之節下賜之処にして、其節は仏殿に安置ありしが故、慶応三年（一八六七）三月十八日仏殿炎上之節、同年六月綸旨《りんし》を以、仏殿再建を仰出被、御寄附等も下賜相成候儀を以、尊牌安置は御黒戸にして道場を仏殿とす。従前本山の成規は上卓に尊牌安置の例と雖《いえど》も（今以て先朝聖忌には如レ斯）、朝廷に被レ為レ在ても、本尊は仏体にして、宸影《しんねい》、尊牌共、道場へ出御不レ被レ為レ存を以て御黒戸に奉安の儘《まま》にて執行す。而して此の御黒戸下賜に伴い、先例を改め、只亀山帝の聖忌には、従前の如く上卓に尊牌を安置するも其の他は御黒戸に尊牌を奉安する事となせり」とあります。

又、『本願寺派勤式の源流』にも「聖忌法要」のところに「尊牌ははじめ仏殿に安置してあったが、明治十三年（一八八〇）に大宮御所お取縮の節に御黒戸なる建物が下賜されたので、これを大谷に移建して亀山帝をはじめ各帝の尊牌を安置し、翌十四年（一八八一）の聖忌には宗主以下お位牌殿に参拝されて仏殿で法要を修行されている。（このお堂は、その後、腐朽《ふきゅう》したので鏡如宗主の代に新築したのが現存のもの）」とあり、『龍谷閑話』にも「亀山聖忌」のところに「大谷の御黒戸なるものは、明治十三年（一八八〇）京都に行幸《ぎょうこう》の砌《みぎり》、大宮御所御取縮の節に御下賜になった建物であると御日記にあるが、これは廃朽甚《はなはだ》しいために取りこぼち、今のは鏡如様の代の新築であって、場所も従前とは変っている」とあります。

以上のように現在の大谷本廟の仏殿裏の御黒戸は鏡如上人の時に再建されたもので、以前は歴代の天皇の位牌が安置されていましたが、即如門主の継職に際して、本山で聖忌法要を修する亀山天皇の位牌のみを残し、他の位牌は撤去されました。

各種紋などのいわれ

○下り藤紋

下り藤にも色々あり、例えば「陰下り藤・袖付け下り藤・地抜き下り藤・一条家下り藤・九条家下り藤・西六条家下り藤」など各種ありますが、浄土真宗本願寺派が宗門の紋としてもちいている「下り藤」はこの内「西六条家下り藤」と称しているものであります。

この下り藤は花びらが外側十一枚、内側七枚の十八枚からなっており、花びらの中央が透けており、蔓《つる》が中央で二回交差し、蔓端が共に内側を向いて留められています。

『媒𦖒餘芳』の「紋章」のところに「下り藤は宗祖六百回忌の頃と、近く内山創建の砌《みぎり》しばらく用いられしが、復た鶴の丸となりたり。鏡如の室籌子《かずこ》入輿の時、下り藤を持ち来られければ、これより奥向は多くこの紋となれり。此の時執行長以下の役袈裟は八実蓮なりしを「下り藤に改めたし」と申出でければ、使を九条家に遣《よこ》されしに、「家来筋に用いらるゝは何の差支もなし」とて承諾せられしより、爾来《じらい》これを襲用せり」とあります。

宗門の紋としての始まりは、第十一代顕如上人時代に本願寺が現在の堀川の地に寺基を定めた時〔天正十九年（一五九一）〕からと言われていますが、第二十二代鏡如上人時代に五摂家《ごせっけ》（鎌倉中期以後、藤原氏北家の中で、摂政・関白に任ぜられる家柄、すなわち近衛・九条・二条・一条・鷹司の五家の総称）のひとつである九条家から上人の室、籌子裏方（光顔院尼公）の入嫁に際し持参され、正式に宗門の紋としましたが、これは西六条家が絶えていたので、九条家が「西六条家下り藤」の紋様を管理していたからと考えられます。

○桐の紋

桐の紋にも色々あり「五三の桐・五七の桐・足利家桐・豊臣家桐・中陰五三桐」などありますが、「五七の桐」はもともと皇室の「副紋」であり、第十一代顕如上人の時門跡寺院としての勅許があって、宮中との関係が生じ、皇室の副紋である五七の桐の使用を許されることとなりました。

尚、平成三年（一九九一）の顕如上人四〇〇回忌法要の記念五条袈裟には五七の桐が使用されました。

○鶴丸紋

元々は宗祖親鸞聖人のご誕生家の日野家の紋でありましたが、現在は本願寺の会行事（白鶴ノ丸紋浮織《うきおり》）や会役者（白鶴ノ丸紋沈織《しずみおり》）の職務衣体の五条袈裟の紋として使用されています。

○八藤紋

第十代証如上人より歴代宗主は九条家の猶子《ゆうし》となられるのが例となり、その時に九条家から送られたものであります。

現在は宗門の役職者である、総局・内局・会行事・侍真などの職務衣体の切袴の紋として使用されています。

○菊花紋

明如上人の時代の明治二十四年（一八九一）に、朝廷より上人へ維新の功績に対して、皇室の定紋である菊花の五条袈裟が下賜されたもので、以前は正月の修正会の際に門主が依用していました。

○鉄線紋

御堂衆をはじめとする、勤式作法を志す者の象徴としての紋であり、いつ頃から使用したかは定かではありませんが、『大谷本願寺通紀』には寂如上人時代の記載に「聴御堂衆著閃緞推白紋袈裟」とあり、本願寺史年表にも延宝二年（一六七四）三月の項に「御堂衆に浮紋白緞子袈裟を許す」とあり、この紋が鉄線のようで、この頃から使われたと推察されます。

○抱《だ》き牡丹紋

大谷派の歴代宗主が、五摂家のひとつである近衛家の猶子となられるのが例となりましたので、近衛家の抱き牡丹が大谷派の寺紋となりました。

○本山旗

本山で法要などの際門前に掲げられている紅地に八角形の旗は、本山旗と言い、元々は顕如上人の時代の戦国時代に、陣幕に上下二本の線を用いていたものを、江戸時代に入り、山形の山路雁木《やまじがんぎ》を用いるようになりました。

明如上人の幕末から明治の時代に、山路雁木を組み合せて八角形にして旗とし、明治四十一年（一九〇八）の大谷本廟での宗祖六五〇回大遠忌予修法要で使用され、大正時代に本山旗として制定しました。

その後紅地に八角に加えて、白地に八角が制定され、本山の法要に用いるようになりましたが、龍谷大学のしるしとしても使用されています。

旧声明集の種類

一、『聲明呂律品目』三帖一函　元禄七年（一六九四）（寂如上人時代）
編纂《へんさん》者　魚山大原大僧都法印幸雄
一、『幸雄改作本』乾坤《けんこん》二巻　元禄九年（一六九六）（寂如上人時代）
編纂者　魚山大原大僧都法印幸雄（興正寺蔵）
一、『眞宗聲明品』二巻　宝暦六年（一七五六）（法如上人時代）
編纂者　京都慶証寺玄智（京都醒ヶ井通五条上ル　小治金屋半七発行）
一、『大谷梵唄品彙《い》』　天明二年（一七八二）（法如上人時代）

編纂者　京都慶証寺玄智（『真宗声明品』の続編）

一、『大谷梵唄品彙』（再版）　天明五年（一七八五）（法如上人時代）

『聲明品前集』とも

一、『大谷梵唄品彙』（再版）　文化元年（一八〇四）（本如上人時代）

『聲明後集　梵唄品彙』とも（京都醒ヶ井通魚店上ル町　小林庄兵衛発行）

一、『声明帖「唄策《ばいさく》」』　文化十二年（一八一五）（本如上人時代）

編集者　京都光隆寺　知影

一、『聲明品彙』四冊（安政本）安政四年（一八五七）（広如上人時代）

本願寺派最初の御蔵版本

一、『龍谷唄策』二巻　明治二十一年（一八八八）（明如上人時代）

編輯《へんしゅう》兼発行者　京都府下京区第廿三組山川町五番戸　永田長左衛門

一、『梵唄集』三巻　明治三十九年（一九〇六）（鏡如上人時代）

編纂者　柱本瑞雲（顕道書院発行）

一、『梵唄集』三巻　　明治四十三年（一九一〇）（鏡如上人時代）
　編纂者　澤　圓諦（興教書院発行）
現行の『声明集』二巻　　昭和八年（一九三三）（勝如上人時代）
　章譜者　近藤亮成（本願寺奉仕局発行）

経蔵の故実

大蔵経（一切経）を納めた蔵で、この堂が回転する構造になっていることから転輪蔵または輪蔵と呼ばれ、これは中国の南北朝時代に五台山で雙林大士《そうりんだいじ》傅翕《ふきゅう》が経蔵の中に回転する書架を設け、それを回転するのみで経論を読んだのと同じ価値が得られるとしたことから名づけられました。

本願寺の経蔵は延宝六年（一六七八）に完成しましたが、内部に書棚をもった八角形の堂であり、その棚に大蔵経が納められています。

経蔵の正面には雙林大士傅翕の像が、その左右に二童子および八天像が安置され、経蔵の内壁には有田焼の腰瓦で装飾がされています。

旧梵唄集と現声明集

旧梵唄集とは明治四十年（一九〇七）発行の柱本瑞雲師編纂《へんさん》のものと明治四十三年（一九一〇）発行の澤圓諦師の編纂のものがありますが、内容はほぼ同様です。

現声明集とは昭和二年（一九二七）に法統を継承された第二十三代勝如上人が、新しい時代にふさわしい法要勤式のあり方の研究を命ぜられ、その結果昭和八年（一九三三）に改正された現在依用している声明集上下巻です。

その内容は旧梵唄集に比べて、かなり簡略がされており、作法の名称も一部改められています。

名称の変更については、無量寿経作法・大師影供作法・報恩講作法などはそのままでありますが、以下現作法名とカッコ内に旧作法名を記します。

観無量寿経作法（阿弥陀懺法《せんぽう》）、阿弥陀経作法（例時作法）、広文類作法（大正十二

年（一九二三）制定の正信念仏偈作法）、二門偈作法（入出二門偈作法）、讃弥陀偈作法（浄土三昧法）、浄土法事讃作法（如法念仏作法）、五会念仏作法（五會念佛略法事讃）などであります。

結衆の歴史

浄土真宗本願寺派で結衆制度が用いられたのは、明如宗主からでありました。もともと結衆とは他宗派では、職衆《しきしゅう》とも言い、衲衣（袈裟の一種）を着けた衲衆《のうしゅう》、甲袈裟を着けた甲衆《こうしゅう》、梵音《ぼんのん》を唱える梵音衆、錫杖《しゃくじょう》を唱える錫杖衆（四箇法要《唄・散華・梵音・錫杖》の四種目）などの区別がありました。

本願寺派では当初衲衆と甲衆があり、声明作法による丁重な法要の場合は結衆出仕により、読経作法のような場合は結衆を用いず、列衆出仕としました。結衆中の衲衆は別格寺以上の連枝《れんし》や特許された者がなり、甲衆は紫甲《しこう》袈裟と青甲《せいこう》袈裟に分かれ、練習生は青甲袈裟として出仕しました。

その後その区別もなくなり、法要には総て同じ衣体で結衆として出仕し、お勤め・作法など重要な職務をになっています。

本願寺派では御堂衆として最初は法要讃嘆衆に衲衆・甲衆・讃衆・讃衆補の四階を置き、衲衆・甲衆は結衆として内陣に出仕し、讃衆・讃衆補は外陣に出仕しました。

玄智の略歴

『日本仏教人名事典』では「江戸中・後期の浄土真宗本願寺派の学僧。享保十九年（一七三四）～寛政六（一七九四）十月四日。諱《いみな》玄智、通文殊小僧、字景耀。大谷派の願宗寺に生まれたが、本願寺派の僧僕に師事して文殊小僧の異名をとり、またその推挙で京都の慶証寺の玄誓の法嗣となった。西本願寺の堂衆や各地の別院の輪番を務める一方、真宗史や和讃などの読法を研究し、天明五年（一七八五）「大谷本願寺通紀」を脱稿、讃岐の義天の異議を正し、宗名の復旧を幕府に請願するなど宗風の改革に力を注いだ」とあります。

又『仏教大辞彙』には「本願寺派の学匠。京都西六条慶証寺第七世。字は景耀、若瀛又は曇華室と称す。享保十九年（一七三四）河内岡村なる東門の看坊願宗寺に生る。父は種哲、母は妙倫と称せしが寛保元年（一七四一）六月四日八歳にして母を亡い、十二三歳の頃久宝寺村の昨夢廬僧樸の門に入り学を修む。日夜精励其業益々進む、世に呼んで文殊小僧と称す。後僧樸の推挙に依り慶証寺玄誓の嗣《し》となり、同国善正寺節厳に従うて出京す。（中略）玄誓は本山の堂職・別院の輪番等を勤め、傍ら学事を好めるより此事ありしならん。宝暦九年（一七五九）八月養父玄誓示寂の後は父祖の業を継ぎて本山に勤仕せるも攻学を続けたり。当時義学盛んなりと雖《いえども》、紀伝・読唱等の典籍備らざるを見て先づ真宗七祖伝を纂《さんしゅう》輯校刻し、正信偈和讃・浄土三部経・大谷梵唄品彙《い》・礼讃偈等の校点本を梓行《しこう》す。明和八年（一七七一）命を受けて讃岐丸亀に赴《おもむ》き義天の異計を糺《ただ》し、尋いで同地の別院を監す。安永元年（一七七二）大谷本廟の輪番となり、墓所の読経等の異風を改む。同年紀伊鷺森別院に赴き、翌年江戸築地に輪番となり、十月山門法侶の為めに正信偈を講ず。安永三年（一七七四）八月本山の命に依り官司に向って宗名の復旧を請う」とあります。

勤式作法に関係する主な著作には、浄土三経字音考一巻・大谷本願寺通紀十五巻・祖門旧事記五巻・大谷略年譜一巻・唱読指南一巻・考信録六巻・浄土真宗教典志三巻などがあります。

五音《ごいん》の語源

声明では「宮・商・角・徴・羽」の五音や「変徴・変宮」又は「嬰商・嬰羽」を加えた七声《ひちせい》を用いますが、この五音（五声とも）などは中国における階名であり、日本においてもそのまま階名に近い概念で流用されました。

階名とは、『音楽大辞典』には「音階各度の呼名のこと。音楽に使われる音の呼名と言う点で、音名と類似性ないし共通性をもっているが、音名が音高を表示するものであるのに対して、階名の場合は音高にはかかわりなく、音階のどの段階にあるかという音の相対的な高さを示す」とあります。

尚、「五声」のことを日本では「五音」ということが多いですが、音韻学上の用語としての場合は別として音楽上に限ってもさまざまに用いられ、必ずしも「五声」を意味しません。場合によっては、五声と七声とを総合した概念として用いられます。従って各種辞典などでは「五声」と表記されていることが多いのです。

「宮」については、『音楽大辞典』及び『日本音楽大辞典』には「中国・日本の音楽理論用語。五声または七声の第一声の階名。この意味で、西洋音階の階名ド do に当たる。語源は中国最古の辞書〈爾雅《じが》〉にすでに不明としており、後世種々の想像説が出ているが、天宮、宮室、すなわち四隅をおおう中心の意とするのが普通である。〈爾雅〉には五声の別名として、宮は重、商は敏、角は経、徴は迭、羽は抑を挙げ、その意味は不明と記してある。（中略）雅楽の五行思想では五声を宮から順次五品の君、臣、民、事、物に当て、君に当たる宮が第一位にあるべきだとする説がある」と記されています。

又「五声」の項には「宮を中心として、商は西方に、角を東方に、徴を南方に、羽を北方に配すれば、宮・徴・商・羽・角という一巡は太陽の運行と連関している。また宮を土、商を金、角を木、徴を火、羽を水に配し、三分損益法の順によって、土中より火を生じ、火によって金をとかし、金は冷却して水を生じ、水は木を育成すると考えた」ともあります。

御影堂の名称と本堂より大なること

宗祖親鸞聖人の御真影を安置する御堂を御影堂と言うのは、『考信録』によると「祖堂を御影堂と称するは。長安の善導の影堂之称。本拠とするにたれり」とあります。又、御影堂が阿弥陀堂より大きいことについても『考信録』に「本山に祖師堂を大にし。阿弥陀堂を次にする事は。祖師の本廟なるを以てなり。廟を墓所のこととのみ認めたるは誤れり。専修寺・佛光寺。その外知恩院・知恩寺・新黒谷・又は粟生光明寺等の諸山みな然なり。しかれども本堂は弥陀堂なり。実悟記の中に本堂と称せり。その制はやや祖堂より減ずといえども。尊前に布置せる諸荘厳具は。祖堂よりも備密なり。課誦等の儀。みな本堂を先とす。差降しりぬべし」とあり、御本尊を安置する阿弥陀堂は、御影堂より小さいながら、すべてにおいて優先されていることがわかります。

五会念仏作法のこと

現在の五会念仏作法は、三奉請・念仏・誦讃偈（甲乙）・荘厳讃・回向からなりますが、『仏教音楽辞典』の「五会念仏作法」の項には「浄土真宗本願寺派の勤行式。唐の法照の「浄土五会念仏略法事儀讃」によって制作された勤行式（中略）旋律は三奉請・誦讃偈・回向が「如法念仏」の譜により、念仏は「八句念仏」の譜を用いる。五会念仏は法照が中国山西省五台山竹林寺で始修し、円仁（七九四〜八六四）が日本へ伝えたというが、それは「浄土五会念仏略法事儀讃」の讃文を中心とした勤行式ではなく、「阿弥陀経」と念仏に長い旋律をつけた「引声《いんぜい》念仏」であると推察される。鎌倉・室町時代に「法事讃」と称する勤行式が行われたことが「愚管抄」「最須敬重絵詞」などに散見するが、善導の「法事讃」は「如法念仏」の名称で用いられたので「法事讃」は法照の「五会法事讃」による勤行式であったと思われる。江戸時代の浄土真宗本願寺派では「五会讃」の讃文に天台宗大原流声明の「諸天漢語讃」の譜をつけたものが数曲あり、「弥陀願行広無辺　非済群生普尽憐」以下四二句の偈が「極楽荘厳讃」の名称で用いられた。また「五会念仏」と称する一〇句の念仏があるが、これは天台宗大原流声明の伽陀・四智讃梵語などの譜を合せて作譜した曲で、どのような法要で用いたか不明である。本願寺派で「五会念仏略法事讃」が制作されたのは明治二十年（一八八七）であり、現行本は、それを省略したものである」とあります。

又「五会念仏」の項には「中国唐代に行なわれた勤行式。唐代の僧法照が制したもので、念仏を五段階に分けて唱える法要。「宋高僧伝」二七に、法照が大暦元年（七六六）四月に南岳弥陀台般舟道場で九〇日の念仏三昧を修しているとき禅定の境地に入って阿弥陀如来から授けられ、同五年（七七〇）に山西省五台山に竹林寺を建立して五会念仏を広めたとしている。五会について法照は「浄土五会念仏略法事儀讃」本に「五とは是れ数なり、会とは集会なり。彼の五種の音声は緩より急に至りて唯仏法僧を念じて更に雑念なし。念とは則ち無念にして仏不二門なり。声とは即ち無常第一義なり。故に終日仏を念ずれども恒に真性に順じ、終日生ぜんことを願ずれども常に妙理に使す」とし、さらに五は五濁煩悩を離れ、五苦を除き、五蓋を断ち、五趣を截り、五眼を浄め、五根を具し、五力を成じて菩提を得、五解脱を具して速やかに能く五分身法を成就することをあらわすとしている。五会念仏は念仏を第一会では平声緩《へいせいかん》念《ねん》、第二会では平上声緩急念《へいじょうせいかんきゅうねん》、第三会では非緩非急念《ひかんひきゅうねん》、第四会では漸急念《ぜんきゅうねん》、第五会では四字《よじ》転急念《てんきゅうねん》の五段階に分けて唱えるもので、法照は五台山をはじめ、長安・并州などで弘通したと伝えられている。仏名を何度も繰り返して唱えると、自然に早くなり、調子も高くなるのを「無量寿経」の「清風時発　出五音声」に因んで五段階に組織したものが五会念仏であり、唐代にひろく行われていた礼懺で仏名を称するときにも、緩から急に唱えられていたと思われる。現在、日本で行われる悔過《けか》法要は、唐代の礼懺のありさまをよく伝えていると思われ、そのうちの称名悔過で緩から急に唱えるのは、五会念仏を想起せしめるものがある。しかし、開成五年（八四〇）に五台山竹林寺に参詣した円仁は、「入唐求法巡礼行記」で竹林寺般舟道場が法照が念仏を修した所であるとしか述べていないので、五会念仏の具体的な法要形式については不明であるが、円仁が伝えた引声念仏が、念仏のみならず、「阿弥陀経」にも旋律がつけられているところから、「阿弥陀経」の読誦も行われたと思われる」とあります。

『仏教大辞彙』には五会念仏について「唐の法照禅師に始まりし念仏修行の一儀式。禅師は盛に念仏を弘め善導の後身と称せられし人、然るに其当時或は無相を執じて観仏・称名の行を卑しめ、弥陀の本願、名号を以て衆生を度するの意に晦《く》らく、音声、仏事を為すの経説を顧みざる者あるを悲み、五会法事儀及び五会法事讃を作りて無量寿経に浄土の宝樹風に吹かれて五音声を出すとあるに模《なぞら》へ五会念仏の儀式を定め道俗をして浄土を欣《ねが》はしめたり」とあります。

以上のように法照禅師は中国山西省五台山竹林寺でこれを修し、わが国には平安初期に慈覚大師円仁によって中国から伝えられ、比叡山の常行三昧堂の作法とされていました。

以前は他宗派でも用いられていましたが、現在は本願寺派以外であまり用いられず、本願寺派では第十四代寂如上人時代に伝えられ、旧本では「五会念仏略法事讃」と称して用いていましたが、昭和八年（一九三三）の声明集の改訂の際内容を変更し、「五会念仏作法」と改題し、昭和十三年（一九三八）七月より、毎月の宗祖月忌法要逮夜に用いられるようになりました。現在は四祖（覚如上人・蓮如上人・顕如上人・勝如上人）の祥月命日法要の逮夜などに用いられています。

現在はその第一会のみが伝承されており、第二会以下の念仏についての節譜などは、現在見当たりません。魚山においては、昔使用されていたと言われますが、現在は絶えてしまっているようです。

又『仏教音楽辞典』の「荘厳讃」の項には「「極楽荘厳讃」ともいう。唐の法照撰「五会念仏法事讃」の四四句の讃文。真宗興正派および浄土真宗本願寺派で用いる声明曲で、呉音で唱える。本願寺派では五会念仏作法の中心となる讃」とあるように、荘厳讃は法照禅師の撰による御文で、現在本願寺派で用いられる声明のうち、唯一浄土三部経・七祖及び宗祖の撰述以外の御文を用いたものであります。宗祖はこの法照禅師を三帖和讃の中でも高僧和讃の善導讃で「世世に善導いでたまひ　法照少康としめしつゝ、　功徳蔵をひらきてぞ　諸仏の本意とげたまふ」（小本和讃四十九丁右）と善導大師の生れ替わりと讃えられ、『仏教大辞彙』の「後善導《ごぜんどう》」の項にも「善導の再誕または後身なりとの意。即ち善導の滅後其遺風を慕うて興起し、盛んに浄土門を鼓吹せし法照・小康の二師を言う。然るに此後善導の称呼は時人の二師に対する讃辞として早く当時よりこれありしが如し。慈雲の西方略伝には「後に法照大師あり、即ち善導の後身なり」と言い、宋高僧伝巻二十五小康の伝には「時に後善導と号す」と言えるを以て知るべし」とあります。

尚、荘厳讃の節は本願寺派で作られた曲で、浄土五会念仏略法事儀讃の中の極楽荘厳讃の節でありますが、昭和六年（一九三一）の正信偈の改譜の際に、現在の真譜の基にしたのがこの荘厳讃の譜でもあり、真譜を簡略化したものが、行譜であります。

御伝鈔の歴史

『仏教大辞彙』の御伝鈔の項には「二巻。真宗本願寺覚如撰。真宗の開祖親鸞聖人の行業を図解せる絵巻より詞書《ことばがき》のみを別行せるもの。巻初には善信聖人親鸞伝絵若《も》しくは本願寺聖人親鸞伝絵と題せり。又略して親鸞伝絵ともいう。而《しこう》して本書と異なり詞書を省略し図画のみを抜き出して掛幅とせるを特に御絵伝と称す。図画本文共に宗祖の示寂後三十四年永仁三年（一二九五）十月に成り本文は覚如之を撰述し、宗祖に随従して行化の事蹟を見聞せる西仏房の子浄賀之に描く。慕帰絵詞第五巻に「永仁三歳の冬應鐘中旬の候にや報恩謝徳のためにとて本願寺聖人の御一期の行状を草案し二巻の縁起を図画せしめしより以来門流の輩遠邦も近郊も崇めて賞玩し若齢も老者も書せて安置す」といえる是なり。本派本願寺並に高田専修寺に蔵するは現存品中にありて最も古く浅草報恩寺等にも図画本文交互に写せる横巻の絵伝を伝えたり。真宗古実伝来鈔に依るに伝と絵とは存覚上人の時より別行し、一巻の絵相を一幅に画し下を前とし上を後とし下より上にかえる、後一巻を亦一幅とせり。而して伝文は之を二巻とし、絵に合せて第一段・第二段の標目を定め、上巻八段、下巻七段とせり。是より以来絵相を拝見し伝文を聴聞すといえり。本山・末寺共に報恩講に之を読み、宗祖一代の行化を知らしむ。異本少なからず。重なるは善信聖人親鸞伝絵と題する古本並に本願寺聖人親鸞伝絵と題する流通本なりとす。後者は康永三《ママ》年（一三四四）の重校本なりと伝えられ上下十五段あり。（中略）此御伝鈔拝読は本願寺派にては一月十二《ママ》日、大谷派にては十一月二十五日、即ち報恩講七昼夜中日の初夜に行い、古来御堂衆一老役の勤むる所なり。末寺にても御絵伝を申請けたるものは報恩講を修するに当りて之を拝読す」とあります。

『真宗帯佩記』の「御伝鈔拝読の事」には「問曰。十一月二十五日。祖師の御伝を読ませらる、ことは。古代よりのことなるや。答曰。昔は蓮如上人自ら読せられしことあり。実悟記曰。明応五年（一四九六）十一月の報恩講の二十五日に。御法談あり。御伝を御前にてあそばされ」とあります。

又、御絵伝については、『真宗故実伝来鈔』には「当時四幅の絵伝は蓮如上人の御時より初ると見えたり。本文四巻なるを以て四幅とし玉えり」とあり、『法式と其故實』には「御絵伝の起源は、覚如上人に始まる。存覚上人　伝と絵とを分ち玉い　御絵伝の種類には　二幅　四幅　八幅とあり。覚如、存覚上人当時の御絵伝は二幅であったが、蓮如上人の時四幅となし、更に　良如上人寛文の頃四幅を八幅の御絵伝となし玉う　御絵伝の拝観は下より上へ拝見するのである。下より上へかしせらる。御絵伝の掲げ方は　内陣に近きを上座とし、遠き方を下座とす。故に内陣に近き方より、第一、第二と順次之を掲ぐるを法とす」とあります。

宗祖親鸞聖人の三十三回忌の翌年の永仁三年（一二九五）十月に第三代覚如上人が宗祖のご生涯を絵巻物「親鸞聖人伝絵」として著されました。

絵巻物は、詞書（文章）と絵とを交互に配置した巻物でありますが、その後覚如上人の長男である存覚上人が絵と詞書を切り離して、絵だけ並べて竪型の掛軸にし、それを吊り下げて参詣者に見せたものを「御絵伝」と言い、詞書の方は一冊の本として、それを読み上げるようにしたものを「御伝鈔」と言います。

覚如上人は二十六歳の時に初稿本を書かれた後七十四歳にいたるまで何度か改訂をされましたが、初稿原本は本願寺が南北朝の動乱に巻き込まれて炎上した際に焼失しました。

その後改訂を試みられたいくつかのものが残っていますが、まず初稿原本と同じ上巻六段、下巻七段の十三段からなる高田派所蔵の「高田専修寺《せんじゅじ》本」があり、その他『善信聖人絵』と言う上巻七段、下巻七段の十四段からなる本願寺派所蔵の「琳阿《りんあ》本」、康永二年（一三四三）覚如上人七十四歳の時の制作で上巻八段、下巻七段の十五段からなる大谷派所蔵の「康永《こうえい》本」、同じく『本願寺聖人親鸞伝絵』の題名のある大谷派所蔵の「弘願《ぐがん》本」などがありますが、現在本願寺から授与する四幅の絵伝は「康永本」に拠っており、御伝鈔もこの本の詞書にもとづいています。

御伝鈔の拝読は、本山では御伝記と言い、御正忌報恩講法要中の一月十三日の初夜に拝読されますが、これは蓮如上人以来、以前の旧暦の御正忌の際に、十一月二十五日に拝読されていたものを新暦に置き換えたものであります。

読み方は、寂如上人時代は専修寺流と教宗寺流の二つの読み方があり、毎年交互に読まれていたようでありますが、その後専修寺流が残り、現在はそれによっていると言われています。

勤式とは、勤行とは

『仏教大辞彙』の「勤行」の項には「①常に善法を行じて懈怠放逸《けたいほういつ》ならざること。八正道中の正勤、六波羅蜜中の精進の如き是なり。（中略）②仏前にて誦経回向すること。昼夜六時之を修すべきも通常は朝夕の二回に之を行う。（中略）真宗にては勤行は仏祖に対する報恩の為めの行業なりとし古は善導の六時礼讃を用いたるも中興蓮如上人の頃より朝夕の二時に正信偈和讃を読むこと、なり僧俗に通じて概《おおむ》ね之をなすに至れり。（中略）而《しこう》して其勤行の儀式作法をば勤式となづく」とあり、従って勤式とは「仏前の勤行に用うる儀式作法」と言うことになります。

釈尊がお説きになった経典などを、声に出して拝読することを読経と言い、読誦《どくじゅ》・

誦経《じゅきょう》・諷経《ふぎん》などとも言います。

蓮如上人の時代に日常勤行を従来読経として用いていた「六時礼讃」から「正信偈念仏和讃」に改められましたが、「正信偈」「和讃」ともに宗祖聖人のお作りくださったものであり、経文とは言えず、読経に代わり、勤行と言う言葉が用いられるようになったと考えられます。

勤行とは、「勤行精進」を略した言葉で、怠りなく勤め、行うことを意味し、仏前での礼拝読経のことを「おつとめ」と言うようになりました。

浄土真宗では、祈願もしくは回向などの気持ちで読誦することではなく、仏徳を讃嘆し、仏恩報謝の表現としての報恩行が勤行の意味であります。

侍真の来歴

『本願寺年表』には「明治十九年（一八八六）一・十二　侍真を置く」とあり、『本願寺史』巻三には「従来、法要の役配に、会奉行・維那《いな》（古くは鎰役《かぎやく》、後に勤番《きんばん》と称した）・堂達《どうたつ》（古くは御堂衆と称した）・三十日番等の役名を用いたのであるが、法要を指揮監督する会奉行は会行事と改称し、会行事の指示に従うものを会役者と称した。祖像に奉仕する維那は、はじめ司鑰《しやく》（明治十二年）と改称したが、後、侍真（明治十九年）と改め法式に従事する堂達・三十日番は知堂・讃衆・承仕・堂掌《どうしょう》と改称して現在に至っている。これらの役名は天台の法式に準拠したものである」とあります。

又『仏教大辞彙』の侍真の項には「祖師の真影に侍する者をいう。禅林象器箋（職位門）には「忠曰、祖塔の真影に侍する者を侍真という、即ち塔主《たっしゅ》なり、真とは祖師の形像なり」と云い、喪司の侍者にして霊に侍するを侍真侍者と称することとあり。真宗本願寺派にては祖殿の真影に奉侍する者を鎰取《かぎとり》又は勤番と称せしが、後之を改めて侍真と称し、此職に侍真長一名・侍真三名・侍真補若干名を置けり。同大谷派にては尚お旧制に準じて鍵役と称す」とあります。

又鎰取の項には「神祠《しんし》仏閣の龕《がん》の鎰を預りて開閉を掌《つかさど》る職。或は勤番とも云う（中略）真宗にては祖龕の開閉を掌る職にして反故《ほご》裏書に「最初覚信禅尼御置文には、御影堂敷地は親鸞聖人の御門弟中へとあそばされ、覚恵には御鑰《かぎ》をあづけさせられ、御門弟参詣の時、あまねく拝顔の所役たるべし云云」とあり。法要典據巻廿四には「下間慶乗助綱清僧にて御堂衆となり、司鑰の職なりし、都維那《ついな》と称す」とあります。

勤番の項には「職名。鎰取とも云う。真宗本願寺にて宗主の念誦に助和し、須弥壇上を掃除し、供飯を上げ下しをなし、祖龕の啓閉を司り、祖忌等には会奉行となり、或は宗主に代りて諸方に焼香し、或は院内得度の教授師となり、其余三階諸事を指揮するなどの職掌なり。往昔、覚恵法師、祖龕司鎰の職なり、綽如上人の時下間氏をして御堂衆となし、宗主に代りて之を掌らしむること実悟記に出づ（中略）元来本堂の調声、両堂の焼香、供飯等のことは御堂衆の司どる所なりしが、寛文以来宝暦中に至る間に、漸《ようや》く転じて勤番衆に属するに至れるなり。而して現今にては侍真と称し、両堂・本廟・別院法要、及び諸般の法式並に諸宝物の事を掌り、侍真長ありて侍真を監督し、壇上の諸事を掌り、侍真及び侍真補は侍真長の佐《たす》け、壇上の諸事に従うの制となれり」とあります。

維那の項には「或は都維那という。僧衆の雑事を司り、及び之を指授するもの。維那とは梵漢兼挙の名にして、維は綱維の義、那は梵語、羯磨陀那なる音訳の一部分なりとせらる（中略）日本の禅家にては六知事の一として衆僧の進退威儀を掌るの役となり、其他の宗派にても勤行法要の時、衆僧の先導をなし、挙唱回向を司る一種の役名とすることとあり。而して通常イナウと称せり」とあります。

又下間家の項にも「綽如上人の頃より下間家より一人を簡《えら》び取り、祖像開扉の鎰取役を命ぜられしこと実悟記に見ゆ」とあり、『実悟記』には「綽如上人の御時より御堂衆に下間名字の人をなされ鎰取と申て開山聖人の御厨子の役人にて候つる由候。御戸は御住持御役なれば如此由候」とあります。

以上のように、最初は御真影様の御厨子の鎰役であったものが、門主の代わりなども勤める勤番となり、その後維那などを経て、明治時代に侍真となり現在に至っています。

尚、御厨子の扉の開閉は、現在は朝の晨朝前に開扉し、夕刻の閉門後に閉扉していますが、これは侍真の職務の者が行っています。

しかし、御正忌報恩講が始まる一月九日の初逮夜の前だけは、以前の鎰取や現在の侍真のような代理ではなく、本来の形である本願寺住職が自ら扉を開かれる御親開扉（以前は御親開と呼称していましたが、平成二十六年（二〇一四）六月の法統継承式の前日に退任される本願寺住職が自ら閉扉をされたのを御親閉扉と呼称しましたので、それ以降開扉も御親開扉と呼称するようになりました）が行われていますが、御親開扉の儀がいつ頃から始まったかについては、記載した文献が見当たらず定かではありません。

以前の御親開は御厨子の御扉だけでなく、御影堂正面の巻障子も閉めてあり、御親開に先立ち巻障子が開かれ、御正忌報恩講の荘厳と同時に御真影様をそこで初めて参詣者は拝することが出来、大変感動されたと言う話も残っています。

路念仏の故実

『仏教大辞彙』には「葬式の時葬場に至る途上にて誦唱する念仏。又路地念仏とも云う。真宗にては南無阿弥陀仏を四句唱う。初の一句は導師の独唱にして第二句以下は衆僧之に和唱す。若し道程長き時は、何回にても繰返すを例とす」とあります。

路念仏は本来出棺勤行後、葬場までの道中で称え、一句ごとに引鏧を一声打ち、繰り返し称える場合は四句目も一声とし、最後に二声打つものであります。

『本願寺の葬制』には「顕如の場合においても「道行路念仏」とあって、出棺直後、道中一回、火屋の一町先より火屋までの三度にわたって唱えたとあり（中略）路念仏は本願寺の葬礼において葬送行進曲および火屋入りの念仏としておこなわれたことがうかがわれるのである（中略）六斎念仏の「四遍」の曲に由来するものであった」とあり、又「室町時代において、六斎念仏が葬送の念仏として用いられたことは、『空也上人絵詞伝』に、空也が松尾の明神から法楽の布施として鰐《わに》口と太鼓をさずかったとのべ、上人歓喜かぎりなし、それより国々在々所々に入て、毎月斎日ごとに太鼓鐘をたたき念仏唱へ衆生を勧め玉いて、往生する人のある時は太鼓鐘をた、きて念仏申す、有縁無縁の弔《とむらい》をなしたもうなり。是に依て俗呼て六斎念仏といい伝えたり。とあることによってうかがわれ、空也を祖師とあおぐ空也僧が、六斎念仏を葬送の念仏として民間に普及せしめていたことが推察される」とあります。

しかしながら、昨今は出棺勤行後に葬列を組んで葬場まで移動すると言うことはほとんどなくなりましたので、『浄土真宗本願寺派　葬儀規範』（平成二十一年（二〇〇九）発行）においては「出棺勤行引き続き、同所にて葬場勤行を執行する場合は、葬場勤行の前に唱えても差し支えない。又は、葬場勤行後、火屋への道中に唱えても差し支えない」として、できるだけ路念仏を用いることを推奨しています。

修正会作法と修正大導師作法

現在正月に勤まる作法の修正会作法は、昭和八年（一九三三）に声明集の改正に際して元の修正大導師作法から変更して「声明集（本山専用本）」に収められました。

その内容は「頌讃（延　如来無量無辺光～　急　又能現一妙色身～）・至心礼・和順章」であります。

これに対して元の修正大導師作法は「礼仏頌・三十二相・三礼・如来唄・表白・勧《かん》請《じょう》・読経（仏説無量寿経）・回向（天下和順～）であります。

この中の三十二相は、『声明辞典』によれば「三十二相とは仏の身体に備わった三二個の超自然的なすぐれた特性のこと。声明曲ではその特性を列挙して徳を讃えた「五念門」の中の文を用いている。法相宗の修二会では、鈸《はち》を打ちつつ朗誦されるが、天台宗では拍子物の旋律によってとなえられる。天台宗ではもと雅楽と合奏されたが絶えて久しかった。近年、雅楽「散吟打球楽《さんぎんちょうきゅうらく》」との合奏復元が行われた」とあります。

又『真宗大辞典』の三十二相の項には「具《つぶ》さには三十二大人相とも三十二丈夫相とも云う。身体の形相の普通に優越せる特点を数えて三十二種とした者である。その本は古代の印度人は彼等の理想の帝王たる転輪王の身体に普通人に優越したる三十二相を備えると思えるより起った者にして、仏身に三十二相を備えるとするは転輪王の身相に順じた説である。大経の四十八願中の第二十一願に『国中の人天悉《ことごと》く三十二大人相を成就せざれば正覚を取らず』とあるは是れである」とあります。

その三十二相とは、『大智度論』によると（一）足下安平立相《そくげあんびょうりゅうそう》（土ふまずがない）（二）足下二輪相（足の裏に千本の輻《や》のある車輪の紋様がある）（三）長指相（四）足跟広平相《そくこんこうびょうそう》（足の踵《かかと》が大きくてしっかりしている）（五）手足指縵網相《しゅそくしまんもうそう》（手足の指の間に水かきがある）（六）手足柔軟相（七）足趺高満相《そくふこうまんそう》（足の甲が高くて肉づきがよい）（八）伊泥延膊相《いないえんはくそう》（膊《すね》は鹿のようである）（九）正立手摩膝相《しょうりゅうしゅましっそう》（直立したままで垂らした手で膝を撫《な》でることができる）（十）陰蔵相《おんぞうそう》（陰部が腹の中に蔵されている）（十一）身広長等相（容姿端麗でバンヤンの樹のようである）（十二）毛上向相（身体の毛はすべて上を向いている）（十三）一一孔一毛生相（一つ一つの毛孔から一毛が生じ、毛は乱れることなく、青瑠璃色で右旋している）（十四）金色相（皮膚が金色をしている）（十五）丈光相（四方に長さ一丈の光を放っている）（十六）細薄皮相

(皮膚が滑らかで、塵埃が身体につかない)(十七)七処隆満相(両手・両足・両肩・項《うなじ》の七カ処の肉がもり上がっている)(十八)両腋下《えきげ》隆満相(両方の腋下が引き締まっていて、深くない)(十九)上身如師子相(上半身は獅子のようである)(二十)大直身相(すべての人間の中で、身は最大で真直であること)(二十一)肩円好相(肩はふっくらと円味を帯びている)(二十二)四十歯相(歯が四十本ある)(二十三)歯斉相(歯ならびがよく、揃っている)(二十四)牙白相(歯が雪のように白い)(二十五)師子頬相(頬《ほお》が獅子のように平たく大きい)(二十六)味中得上味相(非常に鋭敏な味覚をもつ)(二十七)大舌相(舌を出すと、顔全体を覆うほどに大きい)(二十八)梵声相《ぼんじょうそう》(梵天のように五種の音声を出す)(二十九)真青眼相《しんしょうげんそう》(瞳は青蓮華のように青い)(三十)牛眼睫相《ぎゅうげんしょうそう》(睫《まつげ》は牛のように長くて美しい)(三十一)頂髻相《ちょうけいそう》(頭の上の肉が髻《もとどり》の形に隆起している)(三十二)白毛相《びゃくもうそう》(眉間に白毫《びゃくごう》―白い毛の環―がある)の以上であります。

回向にある「和順章」については修正大導師作法では「天下和順　日月清明　風雨

以時　災厲不起　国豊民安　兵戈無用　皇帝万歳　伽藍栄久　仏子安穏　紹隆正法
帰命頂礼　無量寿尊」の御文でありましたものが、修正会作法においては「天下和順
日月清明　風雨以時　災厲不起　国豊民安　兵戈無用　崇徳興仁　務修礼譲」に変更
されています。

修正会作法の頌讃の出拠など

出拠は、大宝積経《だいほうしゃくきょう》（巻第十七）無量寿如来会（第五之一「嘆仏偈」より）であります。

原文とその延べ書きは

「如來無量無邊光　擧世無光可能喩　一切日月摩尼寶　佛之光威皆暎蔽」

如来の無量・無辺光は、世を挙げて光のよく喩《たと》ふべきなし。

一切の日月・摩尼宝も仏の光威に皆な映蔽す。

（如是焔明　無与等者　日月摩尼　珠光焰耀　皆悉隠蔽　猶若聚墨）

「世尊能演一音聲　有情各各随類解」

世尊よく一の音声を演《の》べたまへば、有情各各、類に随ひて解す。

（正覚大音　響流十方）

「又能現一妙色身　普使衆生随類見」

又よく一の妙色身を現じて、普《あまね》く衆生をして類に随ひて見せしむ。

（光顔巍巍　威神無極　如来容顔　超世無倫）

「戒定慧進及多聞　一切有情無與等」

戒・定・慧・進及び多聞は、一切の有情に与に等しきものなし。

（戒聞精進　三昧智慧　威徳無侶　殊勝希有）

『仏教大辞彙』によると「無量寿如来会」の項には「二巻。唐菩提流志訳。大宝積経の第五会にして第十七・八の両巻に出づ。無量寿経の異訳たる五存経の随一なり。多く魏訳に類似し、法蔵の発願も亦《また》四十八あり」とあります。

正信偈の行数

正信偈は七言百二十句や六十行百二十句と言われますが、これは『真宗假名聖教關典録』（巻十）の正信偈大意の項に「句のかず百二十行のかず六十　三言四言五言等は四句を一行とす、七言は二句を一行とする故に、此偈六十行百二十句也」とあるところから、六十行百二十句と言われています。

従って讃佛偈は四言であるので二十行八十句であり、重誓偈は五言であるので十一行四十四句であります。

又出棺勤行に用いる帰三宝偈は五言であり、十四行五十六句でありますので、別名十四《じゅうし》行偈《こうげ》とも言われます。

正信偈の御改譜

『小経正信偈読み方の研究』の「正信偈行譜の洋譜の種類」の中に「昭和六年（一九三一）十一月御改譜になった正信偈真行草三譜」とあります。

又『真宗儀礼の今昔』の第三章声明・勤行の中に「昭和六年からは真譜、行譜、草譜の三種となり」とあります。

さらに『法式と其故実』の第二編第一章第二十二節正信偈念佛和讃の中に「昭和六年突如として寂如上人以来の節譜を改めて、改譜正信偈和讃とせられた。昭和六年に御改正になりし新譜正信偈念佛和讃の章譜は、善導往生礼讃を依用し玉いしものである」とあります。

以上のように正信偈が改譜されて唱えだされたのは昭和六年でありますが、その本として興教書院から『改譜正信偈和讃』が発行されたのは、昭和八年（一九三三）三月二十一日であり、第二十三代勝如上人の代の発行の小本和讃の発行も昭和八年四月十一日であります。

尚、同時期に改正された御蔵版の声明集もその発行は昭和八年四月一日となっています。

正信偈和讃の唱法の変遷

第七代存如上人が正信偈を教行信証より抜き出して筆写されたものが現存し、三帖和讃も存如上人が始めて書写され、これにより人々の教化を試みられました。

この時代までは、朝暮の日常勤行は本堂は阿弥陀経（漢音）、御影堂は善導大師作の六時礼讃でありましたが、これらは法然聖人の教団では盛んに用いられていた勤行でありますから我々浄土真宗においても当然用いられたのでありましょう。

次の代の第八代蓮如上人はこの存如上人の志しを受けて正信偈と和讃を『正信偈和讃』と題して開版され、真宗門徒が日常に読誦する聖典として、ひろく流布されたのであります。

朝夕の日常勤行も真宗勤行の特色を出し、従来の六時礼讃を廃して、正信偈和讃に改められました。

蓮如上人の時代に始められた和讃の間に念仏を入れる唱え方は、他流の般舟讃念仏や法事讃念仏などと類するものであります。

蓮如上人の時代は、上人の弟子であった慶聞坊が天台宗の大原で習得したものと伝えられていますが、当時の記録では十種正信偈で、句切《くきり》、句下《くさがり》、墨譜真《はかせ》、墨譜行、墨譜草、繰引《くりびき》、中拍子《ちゅびゅうし》、舌々真《ぜぜ》、舌々行、舌々草の十種であります。

その唱え方が、資料として残っているのを見ますと、句切は「一句々々の中間に句を切る也」とあります。

句下は「四句目終りごと下げる」とあり、今の草譜のような唱え方と考えられます。舌々は一句七言を全部読まずに抜いて読む唱え方で、その方法に二種類あったようで、ひとつは「帰命如来、南無議光」と一句一句の最初と最後を読む勤めかたで、もうひとつは「帰命無量、南無不可」と一句一句の最初の四文字を読む勤めかただったようであります。

正信偈の唱え方のうち、最初の一句「帰命無量寿如来」と中間の「善導獨明佛正意」の一句は調声人が一人で唱え、他は一同で唱えますが、舌々に限り、最初の句と「五劫思惟」の句を調声するのが例であります。

第十四代寂如上人の時代には、十種の正信偈を手直しして、東本願寺と同じでありました正信偈を変え、第十七代法如上人、第十九代本如上人の時代にはその後次第に整理され、五種正信偈の眞譜《しんぷ》、墨譜《ぼくふ》、舌々行、中拍子、艸《そう》（譜）の五種となりました。

『仏教大辞彙』には「中拍子最も広く行われ、艸譜は更に之を省略せるものなれば簡略に勤行を修する際之を用う。眞譜・墨譜・舌々の如きは本山、別院などにて丁重なる儀式に用うるも末寺にては之を唱うるが如きこと極めて稀なり。但し舌々の正信偈のみは葬式に用いらる」とあります。

これは蓮如上人以来舌々が平素朝夕の勤行であったからであり、葬儀にあたって故人がいつもお勤めしていた勤行で、葬送することが最も自然であるとしたからでありましょう。

第二十三代勝如上人の継職にあたり、昭和六年（一九三一）に眞譜、行譜、草譜の三種に改譜され、昭和八年（一九三三）に発行されました。

眞譜は、「五會念佛作法」の『荘厳讃』から取ったものであり、行譜はその眞譜を簡略化したものとして新たに作られ、草譜は句下を復活させたものとも言われています。

念仏和讃はそれまでの五種のものを止め、礼讃偈（中夜偈）を元に新たに作られたもので、蓮如上人以来の唱え方を根本的に改訂したものであります。

尚、浄土真宗の葬儀のお勤めは記録に残っている限りでは、蓮如上人の葬儀を上人の遺言によって正信偈で勤めたのに基づき、今でも正信偈を勤めますが、現在の葬場勤行の正信偈は、昭和九年（一九三四）に草譜と定められましたが、改定後もなかなか定着しなかった為更に昭和四十六年（一九七一）に以前の舌々行に戻すことが決められました。しかし以前の舌々のように途中の言葉を抜くことはしませんが、「五劫思惟」の句を調声する舌々行の形式を残しています。

その後に唱える念仏和讃は五種正信偈の「中拍子」のものを、回向は同じく「艸譜」のものを唱えています。

常夜灯の故実

常夜灯は常灯明とも言い、それについての確たる文献はありませんが、言い伝えられているところによりますと、本山の常夜灯は、現在の地に本願寺が移ってから第十二代准如上人の時に始められたようであり、その後は第十七代法如上人の時に現在の後堂に常夜灯の金灯籠を設置したとされます。

『本願寺風物誌』に「本山では毎日両堂のお掃除がすむと、輪灯の御明を金灯籠にうつして、翌晨朝にはその金灯籠の灯で、輪灯、菊灯などに点火して勤行が始まる。勤行が終っても輪灯の御明だけは午後のお掃除まで灯して置いて、また金灯籠にうつすというように、毎日、同じことをくり返されているから、年中両堂の御灯明は消えることなく続いているのである」とありますので、以前は夜は輪灯の灯りを金灯籠にうつし、晨朝前にその金灯籠の灯で各所に点火していたようですが、現在は後堂の金灯籠は常時点火したままで晨朝前にそれから内陣などに点火しています。

『仏説観無量寿経』には「光明偏照　十方世界　念仏衆生　摂取不捨」（一々の光

明は、あまねく十方世界を照らし、念仏の衆生を摂取して捨てたまはず）とあり、親鸞聖人は『教行信証』の「総序」に「無礙の光明は無明の闇を破する恵日なり」と示されており、歴代宗主が受け継がれてきた本願寺の灯は法灯と言われます。

門主となるべき者が法義の伝統を継承したことを表明する儀式を法統継承式と言い、門主が法統を継承してのち、法灯が伝えられた旨を仏祖に奉告する法要を伝灯奉告法要と言います。

昭和四十七年（一九七二）には、昭和四十八年（一九七三）の親鸞聖人御誕生八〇〇年・立教開宗七五〇年慶讃法要に先立ち、御影堂の常夜灯を分灯し、この灯をもとに各教区で法要が勤められました。

又、平成二十二年（二〇一〇）には、平成二十三年（二〇一一）の親鸞聖人七五〇回大遠忌法要に先立ち、「安穏灯火リレー」として全国各地に灯が運ばれました。

わが国での常灯明はいつ頃から行われていたかは不明でありますが、奈良時代より存在したようで、天台系の諸寺に多く見られ、比叡山の根本中堂の常灯明が伝えられたことが多かったようであります。

比叡山の常灯明は織田信長の比叡山の焼打ちに際して根本中堂とともに一旦失われましたが、根本中堂が再建されるにあたり、以前に根本中堂の常灯明を受けていた山形県の立石寺《りっしゃく》より戻して復興された歴史があります。

真実閣の御影

真実閣は『本願寺史』第二巻によると「法如宗主は寛延二年（一七四九）十二月二十五日従前の内仏の木仏を土蔵に納め、寂如宗主が土蔵に納めた内仏本尊を台座・後光を改めて安置することとした。おそらく当時の内仏は宗主の居館内にあったのであろう。しかるに明和三年（一七六六）八月二十五日内仏殿の移徙が行われた。すなわち、この時庭上に別棟として内仏殿真実閣の建立をみたわけであるが、この造営には大坂十二講が尽力し、その規模は方五間許、位置は香房の正西であったという（通紀巻九）」とあります。

その『大谷本願寺通紀』巻九には「内仏殿 在㆓香房正西㆒。明和三年秋大坂十二講再営㆓構之㆒。方五間許。戸口有㆓獅子吼額㆒。中間有㆓真実閣額㆒。本尊古木像長一尺余。（中略）左脇安㆓正面祖像。於小龕㆒。（中略）右脇安㆓先師 父像㆒。北設㆓横壇㆒。安㆓蓮宗主像於小龕㆒」とあり、正面に御本尊、左脇に宗祖、右脇に先師である第十六代湛如上人、右横に第十七代法如上人の父であり湛如上人の叔父である寂円昭尊、左横に蓮如上人をそれぞれ安置したことが分かります。

その後時代を追って記しますと中央の本尊や宗祖・蓮如上人は同じ位置でありますが、『媒牕餘芳』の正月の鏡餅の配置を見ますと「真実閣　中尊前六枚、祖師前六枚、先師前二枚、中宗前二枚、広如上人前二枚」とあり、右脇が先師の第二十一代明如上人、右横が前々住の第二十代広如上人となっています。

次に『本願寺風物誌』を見ると「中央が御本尊、その向って右が宗祖聖人御影、左が前住鏡如上人御影、別に、内陣両横に、蓮如上人と前々住明如上人の御影が奉懸されてある」とあり、右脇が前住（先師）の第二十二代鏡如上人で右横が前々住の第二十一代明如上人であることが分かります。

昭和二十三年（一九四八）に鏡如上人の遷化以降は右脇に先師の第二十二代鏡如上人を、右横には第二十三代勝如上人の父親であり、鏡如上人の弟である浄如光明の御影が安置してありました。

以上のことから代々右脇は先師御影でありますが、右横は前々住もしくは先師がご門主からみて父でない場合は父の御影を奉懸していたようであることが分かります。

その後御影堂の修復が始まりましたので真実閣は百華園内に移動されましたが、今後再度使用するために荘厳を整えますならば、上記のことから右脇は先師の第二十三代勝如上人に、右横は第二十二代の鏡如上人とするのが妥当でありましょう。

総代焼香の変遷

御正忌報恩講法要や龍谷会において、満日中法要終了後に行われる総代焼香については、各文献に次のような記載があります。

『龍谷閑話』には、「日中の総代焼香は、先ず連枝の総代、次いで連枝以外の参仕の第一の者が一般の総代として焼香したが、筆者（大谷光明）はこれを改めて執行長一人としたのである。この連枝とその他の者と二人の総代焼香は、この結願《けちがん》の日中だけであって、先師会や龍谷会のときは、参仕中の第一の者一人だけであったのである」とあります。

『勤式作法の書』の御正忌報恩講法要の満日中に用いられる報恩講作法（第一種）の次第の記載の中に「次（四四）総代焼香（元は執行長、執行長不在の時は連枝でない侍真の主席）」とあり、『本願寺風物誌』の七〇〇回大遠忌法要の御満座の次第の記載の中には「四一　総代焼香（総長が門末を代表して焼香すること）」とあり、同じく七〇〇回大遠忌の記録の差定を記した『本願寺派勤式の源流』でも「総代焼香（武田達誓総長）」とあります。

以上のように近年は執行長を兼任する総長が総代焼香を行っていましたが、平成二十四年（二〇一二）本願寺と宗派が別組織になってからは、御正忌報恩講法要においいては宗派の総長が、龍谷会においては本願寺の執行長が行っています。

伝供《てんぐ》の意味と歴史

伝供について『仏教大辞彙』には「法会の際仏祖前に供物を捧ぐるに数人の職衆次第に之を伝達するを云う。（中略）法然上人行状畫圖巻九に文治四年（一一八八）八月後白川法皇の修し給える如法経供養の事を掲げ「正面の庭上に赤地の錦の地舗をしきて、その上に机二脚をたて、十種供養の具を安ず、天童二人・舞童十六人東西よりす、み出で、供具を取りて南の階下に参じて伝供をなす、衆僧正面の左右に立て伝供す、このあいだ十天楽を奏す」とあり。諸宗にて大法会の節之を行うことあり。通例は真前に於て二列に立ち讃嘆衆の諷誦中に假卓《かり》上の供物を次第に手送りとなし、之を終らば下臈《げろう》為先《いせん》にて復座するものとす」とあります。

『真宗大辞典』には「重大なる法会の際仏祖前に供物を伝送する儀式をいう。其の式は長臈の数人、仏祖前に縦列を作り、假卓におくところの供物を順次に手送りとなし、以て仏祖前の壇上に供える。供え終らば下臈為先にて復座する。（中略）真宗にては此の儀式を行うこと稀《まれ》であって、本派にては龍谷会逮夜に行う、大谷派等には此の式なしと言う」とあります。

『法式と其故実』には「伝供の時は、咒《じゅ》願師、導師、及び十大弟子が壇上に立って供花を行う。時に音楽あり、舞楽あり、舞台、菩薩、鳥蝶等の舞うを行事が古来よりの例となっている」とあります。

本願寺派における伝供の記録は、『祖門舊事記』の宝暦十一年（一七六一）三月十八日から同二十八日まで修された「宗祖五百年忌法会記」に「二十三日日中　諸智讃鐃《にょう》鈸《はち》　音取（盤渉調）　参向音楽（鳥向楽）　公卿着座　両御門主着座　音楽（桳桑老）　両御門主三拝　同登壇（階高座）　三礼　音楽（白柱）　伝供　勧請（以下略）」とあり、盤渉調の白柱の雅楽の奏楽中に伝供がなされています。

現在も毎年の龍谷会において、十月十五日に結衆を伝供衆と讃嘆衆に分け、讃嘆衆が五眼讃を唱えている間に伝供衆がお花を伝供し、御門主又は前門様が祖前に供えられています。

童子《どうじ》の意味

『仏教大辞彙』の「童子」の項には「発心求道して未だ出家するに至らざる幼童のこと。南海寄帰伝巻三に依れば白衣にして寺に入り落髪を願い仏典を習うも未だ出家せざるを童子と言い、寺に入るもただ外典を学び出離の心なきを学生と言うとあれば此類の人々を法会に加わらしめたるに由来せるならん。（中略）勅会《ちょくえ》灌頂《かんじょう》等に庭儀を行う時上童子《じょうどうじ》・持幡童《じばんどう》・小童子・中童子・大童子等之に加わるを例とす」とあります。

尚、『国史大辞典』の「稚児《ちご》」の項には「祭りなどの折に、神霊のよりつく者として選ばれて参加する童児。（中略）これらの稚児は特別な服装をするだけではなく、決して地面に足を触れないなど特別な扱いをうける。のちには単に神に奉仕する者と意識されることにより、その扱いは変わった。なお、公家や武家、寺院などに召し使われた少年を稚児と称したのも奉仕する者としての性格によるものである」とあります。

以上により、中世の頃より寺院で勉学に励む公家や武家などの子弟が得度出家していなくても、童子として法会に参加したようであります。

本願寺派では、毎年の龍谷会に上童子・持幡童が導師の前後に従って庭儀に参列しますが、大きな法要の場合は大童子が加わる場合もあります。

虎石《とらいし》の由来

虎石とは、『本願寺風物誌』によると「祖廟の中にあって、色も形も虎に似ているので、その名となったもので、宗祖が愛好された古石だと伝えている。宗祖の四百回忌に先立って、祖廟を現在の地に移し、黄石を以て御骨の蓋《ふた》をなし、その石上に台を設けて宗祖の御影が奉懸されてあるのが現在の祖廟である。それで、この御影を「虎石の御影」と言い伝えている。宗祖御入滅の地と伝えている法泉寺（大谷派）は現在、京都市柳馬場御池上ルところにあって、そこの町名は今でも虎石町と呼んでいる」とあります。

しかし『考信録』巻五には「東派の大谷の如きは。祖廟の石碑の上に虎石を置するは。絵相に乖違《かいい》せり。且《かつ》宗主所玩《しょがん》の虎石というは。伏見深草の宝塔寺にありとも。狼谷にありともいい伝えて。分明ならず。これは形色の自然と虎に似たるものなからんか。東廟の虎石は。故らに石工をして虎に似せて造らしむるものなれば。諸祠の狛犬《こまいぬ》に同じくして奇とするに足らず。また墓上に虎を案ずるも美観とはすべからず。一説には。大谷の廟堂の内。霊函《れいかん》の蓋《ふた》の上に置ける班黄の石を。虎石というといえり。この石は過半も土中にありと見ゆ。その色は真に虎に類せり。石上に台を安じ。それに祖影を掛けたるゆえに。親く廟塔に侍する人に非《あら》ざれば見るべからず〔拝堂より奥の廟垣の内には。役人の外は入ることを禁ず。院内の衆は毎年九月祖忌日中に。廟堂を繞《めぐ》ることを得るのみ〕京柳馬場押小路下ル町を虎石町という。この町に法泉寺という寺あり。これ宗祖唱滅の地なりと伝う。尋源鈔本に詳していう。本伝に押小路の万里小路より東とあれば。虎石町にはあらず。富小路通三条坊門八幡町御池通の西北角にして。盛山町なるべし。もし虎石町ならば。万里小路の東に非ず。直に万里小路なり。又押小路の南に非ず。即押小路の角なり。虎石のことは。初め盛山町にあれども。後に移転して虎石町にある故に。虎石町と名くるならん。昔の大内裏のときの町割の説を以て。いい紛《まぎ》らかす人あれども。それは此評判には所用に非ざる事なり云云。大谷の諸門侶の遺骨を蔵むることは。信解宗主（寂如上人）の世よりと申伝えたり。その以前は。多く高野へ蔵めし事なりしぞと」とあります。

以上のように虎石とは、大谷本廟の祖壇の宗祖の御骨を納める蓋の上に置かれた石で、宗祖が愛好された古石と伝えられ、色や形が虎に似ていることから言われますが、外からは見ることができません。又虎石がどこにあったかについては諸説があり、確たるとこは不明であります。

鐃《にょう》鈸《はち》の由来

『仏教大辞彙』の鐃鈸の項には「法会に用うる金属製の楽器。直径一尺五六寸の円盤二個を擦《す》り合せて鳴らし、銅鑼《どら》を撃ちて之に和するを例とす。鐃鈸に似て形の小なるを銅鈸子と称す。鐃は或は鉦鼓のことなりとし、或は銅鑼のことなりと云えば銅鈸又は銅鈸子と云うべきを後世誤りて鐃鈸とせるなるべし」とあります。

『真宗事物の解説』には「『法華経』に「若し人をして楽を作さしめんには、鼓を撃ち………琵琶鐃銅鈸是の如きの衆々の妙音尽く持して以て供養すれば皆已に仏道を成ず」とあるこの文が出拠となって、この楽器が法会に用いられるに至ったものであろう」とあります。

『建法幢』には「葬儀の際、導師焼香などに際して、磬を打ち上げ、打ち下す打法を作相と呼ぶが、元来、作相とは打ち上げの部分だけを指したようである。打ち下しの部分は、単に二音などを丁寧に打ったものにすぎない。作相とは如来の入道場を象徴すると言われ、法要において「三奉請」の後に鳴らす鐃鈸も作相と言われたと伝聞する。葬儀や法要時には、善導大師や法照禅師の理念によって、まず「三奉請」を唱え、弥陀如来等の入道場を請い、諸仏が入堂（場）される。これを象徴するのが鐃鈸や大磬打ち上げであり、その後表白、読経が行われるのである」とあります。

本願寺派で鐃鈸を用いた起源は、第十一代顕如上人が永禄二年（一五五九）に門跡に列せられた為、その格式を重んじて永禄四年（一五六一）宗祖三〇〇回大遠忌法要に際し、七条袈裟を着用したり、礼盤を用いて散華行道するなどと共に用いられたのが始めとされています。

鐃鈸の打ち方は『法式規範』にあるように、真鈸と略鈸（①②の二種）の計三種類の打ち方がありますが、現在の本山の恒例法要では十月の大谷本廟での龍谷会で毎年十五日に明著堂で「五眼讃」のお勤めの後に略鈸①が用いられ、十六日に法要前に仏殿で勤まる「諸智讃」のお勤めの後に真鈸が用いられています。

尚、他宗においては、葬儀に鐃鈸が用いられる場合もありますが、本願寺派での葬儀は蓮如上人の葬儀以来の形を受け継いでおり、従って鐃鈸は用いません。

本願寺派の声明などの変遷

覚恵（第二代留守職・覚信尼の子）の時代には、すでに宗祖晩年より正信偈と和讃を引声して五首または七首を読誦していたことが、了源（一二八五－一三三六）の記録にあり、また覚恵は声明にも通達しており、早くから青蓮院や禅法坊で名人といわれていた尋有僧都の伝授を受けました。

第六代巧如上人時代に、それ以前行われていた念佛・和讃系の声明が休止され、阿弥陀経と六時礼讃を中心とする声明が復活。礼讃は、浄土宗全般に隆盛し、各宗ともに同じ譜が用いられていたようであります。門主の声明本に、法事讃・礼讃・十四行偈などがあります。

第七代存如上人時代に、正信偈を御本典から抜きだし、和讃と共に書写して教化と勤式に用い、後の蓮如上人の読誦の基礎を作りました。実悟記に「存如上人の御代より六首の和讃勤に成申たる事に候」とあります。

第八代蓮如上人が吉崎時代、正信偈を朝夕の勤行とし、文明五年（一四七三）三月、三帖和讃に正信偈を加えて四帖とし開版。これが本宗における聖典開版の始めであり、今日の正信偈読誦の基礎となりました。以後、歴代の宗主によって幾度か改版されましたが、みな「文明本」を踏襲しました。御正忌の御俗姓のご制作。式嘆・御伝記の拝読、改悔批判など山科御坊の頃から始まりました。ご遺言に、「我死セバ大阪ヨリ曲録ニ乗セ、正信念佛偈ニテ御影堂ニ移スベシ」とあり、以後の葬儀は、それまでの往生礼讃偈を廃し、正信念佛偈と定められました。

第九代実如上人時代に、旧暦二十二日（太子）・二十五日（法然）に早引を始められました。「浄土法事讃」を廃し「浄土三部経」にかえられ、三経伽陀を始めて用い、年忌・祥月には、「正信念佛偈」や「正信偈和讃」を依用され、御影堂での勤行の上に法談（讃嘆）を始められました。各地から集めた合計百九十七通の中から肝要な八十通を五帖の「御文」に編集し、実如上人十三回忌の際開版されました。

第十四代寂如上人時代に、厳正な勤式を督励され、天台声明を取り入れて大原宝泉院幸雄により本願寺勤式の大改正を行い、それまでの伽陀・三部経・講式や正信偈が中心でありました本願寺の法要形態を魚山の声明を中心に変えました。

幸雄の目録（四智讃・着座讃・散華・後唄《ごばい》・三礼・六種回向・四奉請・阿弥陀経・合殺・九聲念仏・八句念仏・云何唄《うんがばい》・伽陀・勧請文・下高座文・報恩講式・式間和讃・嘆徳文・文類偈・十四行偈《じゅうしこうげ》・讃佛偈）

六種回向や合殺を用い、報恩講作法の坂東曲《ばんどうぶし》を止めて八句念仏と式間和讃の博士を作り、十種の正信偈を手直しして、東本願寺と同じでありました正信偈を変え、昭和までこれが受け継がれました。

第十七代法如上人時代に、安永元年（一七七二）正月から本堂晨朝は漢音小経を止め、讃仏偈・短念仏・回向(我世彼尊)、御影堂は正信偈草譜に日没は正信偈四句下がり短念仏・回向に定めました。三部経読誦に節柝を用いました。

第二十代広如上人時代に、安政四年(一八五七)本山蔵版の「声明品彙」一部四巻を出版。蓮如上人三百五十回遠忌法要記念に正信偈三帖和讃を開版。(章譜付・昭和六年まで依用)。

第二十一代明如宗主は、魚山宝泉院覚秀に魚山声明全曲の本願寺伝承を依頼し、一部の秘曲を除き許可されることとなり、本願寺に魚山声明全曲が伝承され、明治二十一年（一八八八）「龍谷唄策《ばいさく》」（二冊本）を初めて調子・音階とも明記して編集出版しました。

第二十三代勝如宗主の昭和二年（一九二七）明如上人二十五回忌と法統継承を記念して、法式調査会を起こし、新しい時代にふさわしい法要勤式のあり方について五年間調査研究後、八年の伝灯奉告法要は新制の声明作法で勤修。同四月一日蔵版本を発行しました。

梵鐘と除夜の鐘

梵鐘は現在の『法式規範』では「梵鐘は「集会鐘」ともいい、法要や儀式を開始するに先立って、大衆が参集する合図として撞《つ》く。打数は十打とし、（中略）法要や儀式以外（朝夕の時報など）に撞く場合もある。」とありますが、昭和九年発行の『法式紀要』では玄智の『考信録』に基づき「朝十声、日中・逮夜七声、齋・非時に五声、掃除に三声を古例とす。」（掃除とは、大御身・報恩講の荘厳と御納壇・御煤払をさす）とあり、以前はその打数で打っていたようでありますが、昭和二十五年発行の謄写版《とうしゃばん》刷の『法式規範』には「梵鐘　打数は十声として（中略）梵鐘は法式以外の場合でも打数は十声とするが、除夜の鐘は百八声とする」とあり、この時から現行の十打に統一し、除夜の鐘は百八打としています。

梵鐘の歴史については、日本に伝来したのは欽明天皇二十三年（五六二）に将軍大伴狭手彦が高麗に遠征し、捕獲品の中に銅鐘鋳があったのが始まりとされ、本願寺で梵鐘を撞くことを始めたのは、天文十一年（一五四二）からとされます。

本願寺の梵鐘は、久安六年（一一五〇）に広隆寺において改鋳した梵鐘を、天文十六年（一五四七）に本願寺が購入したもので、正徳元年（一七一一）に鐘楼を現在の飛雲閣横へ移動しました。

尚、現在の梵鐘は平成八年（一九九六）に蓮如上人五百回遠忌法要の記念に本願寺全国講社連絡会から寄贈されたもので、以前の広隆寺から購入した梵鐘は境内の安穏殿の南側に置かれています。

除夜の鐘として百八の鐘を打つのは『広説佛教語大辞典』の「除夜の鐘」の項に「凡夫の持つ百八煩悩を除去し清浄な新春を迎えるため、その数だけ打ち鳴らす」又「梵鐘」の項に「梵鐘は清浄な鐘を意味し、大晦日に煩悩を清めるために百八つの鐘がつかれることはよく知られている」とあります。しかし、「百八の鐘」の項には「①寺院で朝夕梵鐘を百八回鳴らすことで、シナで始まったことらしく、暁に鳴らすのは眠りをさまし、暮れにうつのは、目のくらんだ迷いをさますためといわれる。略して十八とする。②日本では年末の夜半に鳴らし、除夜の鐘として一般に親しまれている。百八の数については百八煩悩を洗い清め、新年を迎えるためといわれるが、十二月・二十四気・七十二候に応ずるという説もある」とも書かれています。

『佛教大辞彙』の「百八鐘」の項には「十二月と二十四気と七十二候との数に応ず。（中略）俗説に佛寺朝暮の百八鐘は百八煩悩の睡を醒《さま》すとは非なり」とあり、『真宗事物の解説』にも同様の内容が記されています。

『国史大辞典』では「除夜祭」の項に「仏教では修正会の初夜法要は旧年の穢《けがれ》をはらい、後夜法要は新年の幸福を祈願する。この導師交代を知らせるのが除夜の鐘で、百八回撞いて穢や煩悩をはらうと説明する」とあり、又「大晦日」の項には「百八の鐘の音は、宋代から始まったといわれ、十二カ月・二十四気・七十二候を合算した数であるというが、後世は百八煩悩をさますためのものと説かれるようになった」とあります。

（十二＋二十四＋七十二＝百八）

尚、『国史大辞典』に二十四節気《にじゅうしせっき》（二十四気）とは「太陽が天球上を一（太陽）年で西から東に一周する大圏を黄道という。黄道一周を二十四等分し、太陽がこの分点にあるときの季節に相応する名称を付して、これを二十四節気という」とあり、七十二候《しちじゅうにこう》とは「一年を二十四等分して二十四節気とし、一気をさらに三等分し三候とする。したがって一年は七十二候となり、一候は約五日となる」とあります。

以上のことから浄土真宗では、中国の宋代からの十二月・二十四気・七十二候を合算した数の百八の鐘を毎朝夕寺院で打つ慣わしを踏まえ、法要や儀式を開始するに先立って、大衆が参集する合図として撞くとしたようでありますが、大晦日に除夜の鐘を打つ場合、浄土真宗においては正信偈に「不断煩悩得涅槃」とあり、御文章にも「信心獲得章」に「煩悩を断ぜずして涅槃をうといえるはこのこころなり」とありますところから、百八煩悩を除去する為との考えから撞くことはふさわしくないのではないでしょうか。

御堂衆の歴史

『考信録』によると「御堂衆を堂達《どうたつ》衆《しゅう》と改め称するは。信解宗主（寂如上人）以来のことなり。諸末寺の堂衆に箇別せん為に。改めらる、といえり。案ずるに堂達の名は。古代已に存せり。延暦十三年（七九四）九月。延暦寺供養記云。大導師引頭堂達唄師呪願散華讃頭梵音錫杖威儀師従儀師奉行僧楽人。秦氏六十六人。この堂達は勤操修圓勤レ之（中略）有説に云く。本山にて諸間に通ずるが故に。堂達と称すと」とあります。

又『実悟記』にも「一、古は御堂衆は六人候つると申、六人供僧とて是は平生精進にて候き。妻子もなく、不断経論聖教にたづさわり、法文の是非・邪正の沙汰斗にて候つる由候。

一、綽如上人の御時より御堂衆に下間名字の人をなされ、鎰取と申て開山聖人の御厨子の役人にて候つる由候。御戸は御住持御役なれば如此由候」とあります。

『仏教大辞彙』の「堂達」の項には「法会の際願文などを伝達する役。法会七僧の随一なり。延暦十三年比叡山延暦寺の供養会には大導師・引頭・堂達・唄師等の役ありて堂達は勤操これを勤めたりと云う。真宗本願寺派にては本山に於ける役僧を堂達と称したることあり。本願寺通記巻十三に一説を掲げ「宗祖（親鸞聖人）の高弟に六老僧ありて左右に奉事す、爾来歴世の宗主必ず六僧を置き、常に背後に侍し念誦を助和し、兼て自余の法務を掌《つかさど》らしむ（中略）其職務は鎰取の外、仏事に関する各般の事項を掌り、或は宗主の便殿に侍し、或は記録を監理し、出でゝは別院の輪番を勤め、使僧となりて差遣せらる、等用務甚だ多く、後には数十人に達せしことあり。実如上人の時本堂朝座の調声に当たらしめしが寛文二年（一六六二）正月これを止めたり。宗主遷化の際は堂達の上首を選びて荼毘の導師とすること古例なり。現今は堂達若くは御堂衆の名称を用いず、侍真・讃衆・侍僧を置きて其職務を分掌せしむ」とあり、又「六人供僧」の項には「法会に際し讃頭・唄・唱礼・散華・鐃・鈸の六事を掌る役。もと勅願所には定額僧十人を置き、之を内供奉に擬して十禅師と称す。所謂十人とは座主一人・三綱三人・供僧六人これなり。真宗本願寺にては御堂衆の数六人と定めしは上記六人供僧に準ずるなり。（中略）本願寺通紀巻一綽如伝の注に「按ずるに本山已に勅願寺たり、故に斯式あるのみ、有記に云く、本山もと六時課誦を修するに清僧六人を置き、称して六役衆と曰う、一時毎に交代して之を修す、蓮宗主に至り、遠く将来を鑒《かんが》み約して晨朝・日没の両時と為し、行儀を改定す、以て時機に応ず、故を以て近世の行法、尚御堂衆六人前面に列坐し其余は後に居るの式あり」と云えり」とあります。

現在は御堂衆という呼称は職務の名称としては用いませんが、本山では内陣では侍真が、外陣では知堂・讃衆がお勤めをし、ご門主・前門様の御出座の場合は侍僧がつき従っています。

尚、堂達は現在宗祖降誕会に用いられる無量寿会作法の際に、論義の後に仰磬《ごうけい》を打つ役の者を堂達と呼び、その名が残っています。

歴代宗主の影像と諡号《しごう》

歴代宗主の影像は、絵相が現在のものとなったのは、『本願寺風物誌』によりますと「『本願寺通紀』によれば、十四代寂如上人の代、天和年間の改正によって、奉懸替えをされてからであって、以後代々うけついできている」とあり、『本願寺通紀』巻三には「宝永四年（一七〇七）三月改画㆓蓮宗主像㆒。宗主親制㆑讃。八月又改画㆓證宗主像㆒。亦制㆑讃。十一月改画㆓顕宗主像㆒」とあり、『本願寺年表』にも「宝永四年

（一七〇七）三・二五　蓮如影像を作り、讃を書く、八・十三　証如影像を作り、讃を書く、十一・一　改めて顕如影像を作る。同五年（一七〇八）一・四　如信、一・十九　覚如、二・二　実如、二・二九　善如、四・二四　綽如、六・十八　存如、七・一　従覚、十・十四　巧如の影像を作り、讃を書く」とあります。

又諡号《しごう》とは「おくりな」のことで、死後に贈られる称号のことでありますが、歴代宗主の諡号について『法式規範』の表には第十三代までは「称〇〇院」とあり、第十四代からは「諡〇〇院」とありますのは、第十四代寂如上人が前記のように、それまでの歴代宗主の影像を改正して奉懸替えをされ、それに伴い寂如上人以降は、宗主がご遷化されると、次代の宗主が諡号を贈られることとなりました。

そのためにそれまでの諡号は死後に称した意味からか「称〜」とし、第十四代寂如上人からは「おくりな」として本当に贈られたので「諡〜」と区別しています。

【語句の部】

「あいじょうこう」とは

語源については諸説あり、一つの説として、「相上綱」と書きます。「相上綱」とは、上綱《じょうごう》の方のお寺に師匠寺として導師をしていただくことを指します。

『広辞苑』の「上綱」の項には「僧職の三綱《さんごう》中の上座の者」とあり、「三綱」の項には「寺内の僧侶・寺務を管理する三種の役僧。(ア)上座・座主・都維那《つぃな》(イ)上座・維那・典座《てんぞ》(ウ)寺主・知事・維那」とあります。

師匠寺とは、この場合上位寺という意味ではなく、長い歴史の伝統習慣において自家で葬式、法事といった仏事がある時には自分で執り行わず他のお寺、すなわち師匠寺を招いて執り行います。師匠寺の導師は、お互いがお互いの師匠に成りあっている対等関係であります事から、「相上綱」と言うようになったと言います。「相上綱」は本来「あいじょうごう」と読むべきところを「あいじょうこう」と呼ばれるようになったと考えられます。

また、「相焼香」と言う説もありますが、これは長い歴史において寺どうしがお互いに焼香しあったことから、〝あいしょうこう〟がなまって、〝あいじょうこう〟となったのではないかとする考えでありましょう。

院号の謂れ

『仏教大辞彙』の院号の項には「止住せる院の名を以て其人を称すること。後世は別に止住の屋宇の名に拠ることなくして何々院の称号を用うる風起り、近世また之を死者の法名に冠すること行わる。其起源は嵯峨天皇譲位の後之を嵯峨院と称し奉りしに始まる。一條天皇の時藤原兼家出家して其館を寺とし法興院と号せしより永祚元年（九八九）七月　薨去《こうきょ》の後法興院如実と号し、此称亦《また》臣下に用いらる。室町将軍足利義教の慈照院と称したる、足利義満の鹿苑院と称したるは世の普《あまね》く知る所なり。初め上皇の位を逃れて別宮に居せしを称し、多くは地名に基きたるも臣下は寺院建立より起るを以て従て寺院の名を以てしたり。寺家にては平安朝の頃より天台・真言等に於て此称ありしこと前唐院(円仁)・山王院(円珍)・五大院(安然)等にて知るべし。真宗にては蓮如上人より之を用い、巳後歴代宗主何れも院号あり。又天文十八年(一五四九)第十世証如上人を以て門跡に準ぜられしより従て院家勅許の沙汰あり。即ち永禄三年(一五六〇)冬、本宗・顕証・願証の三寺を院家とし、其後、教行・順興・慈敬・勝興・常楽等の諸寺に許可ありてより、末寺亦院号を称す」とあります。

又、『仏教語大辞典』の院号の項には「もと天皇の退位後の御所を院とよび、またそこに住む上皇その人をもさしたが、漸次《ぜんじ》、皇后・親王にも院の称を用いるようになり、さらに摂家や将軍、門跡寺などに及び、江戸時代には大名にも院号が与えられた。また一般の武士には死後与えられたが、この風習が死者の法名に院号をつけるもととなった。院号は嵯峨天皇の譲位後、嵯峨院と称したことに始まるという」とあります。

さらに『国史大辞典』の院号の項にも「(一)太上天皇の称号。弘仁十四年(八二三)嵯峨天皇が譲位後その居所によって嵯峨院と称されたのに始まる。冷泉・円融両上皇が生前それぞれ冷泉院・朱雀院とも呼ばれた(『小右記』)のもその一例である。

（二）天皇の追号。冷泉天皇以降、天皇の追号には譲位後おもに居住した御所の名称によって院号を用いる例となり、さらに後一条天皇以後は在位中崩御《ほうぎょ》した天皇にも、里内裏の殿名などによって院号をおくるのを常例とした。（三）女院の称号。（四）摂関・将軍はじめ臣庶の法名・戒名などに用いた称号。摂政藤原兼家の法興院、将軍足利尊氏の等持院など、生前建立した寺院の号による例が多く、のちには一般庶民も戒名に院の字をつけるのが盛んになった」とあります。

尚、浄土真宗においては、『真宗事物の解説』には「院号のことについては『故実公儀書』には「院号は至って重き儀にて当宗門にては……法門主より御許容なされ候。平人の法名に猥《みだ》りに院号を付け候事は決して御座無く候」と見えてある」とあります。

又、『葬儀・中陰勤行聖典』には「院号は、住職であった者、そのほか、生前に特別の功労のあった門信徒に対して、御本山から贈与されます。また、御本山に一定以上の上納金を進納した場合にも、財功に対するお扱いとして交附されます。院号はもともと、天皇そのほか皇族、貴族に対し、その諱名《いみな》を呼ばず、住居の場所をもって呼び名にしたのが始まりです。（例、後白河院、亀山院など。院とは元来〝かき〟〝かこい〟を意味し、ついで、その垣でかこまれた宮殿、建物、役所……などをも意味するようになった）それが次第に高位の僧侶以下にも及んだのです」とあります。

さらに『真宗の葬儀』のなかで院号について「もともとは天皇の住居である何々の院という呼び名を、個人の尊称として用いたところから始まったものですが、時代が下がるにつれて、仏法を弘めるうえで大きな功績のあった方を讃える意味で、宗派から贈られるようになりました。特にご門徒の場合は、財政的な形で、仏法を弘めるための教団の維持に尽くしてくださったというところから、ご本山に一定以上の金額を納められた方に贈られるようになったものです」とあります。

以上のことより、宗門の「院号授与規程」の第二条（院号授与の原則）で「院号は、宗門の護持発展に貢献した者又は宗門若しくは社会に対する功労が顕著であると認められた者に、授与する。

2　院号は、宗門が授与するものであって、これ以外の院号は用いることができない」

と定められています。

したがって、院号は宗門に貢献のあった住職などが亡くなられた場合や、財政的その他に貢献のあった門信徒などに宗門から贈られるものであり、本山以外のお寺などが、院号を授与することはできないのであります。

「行年《ぎょうねん》」と「享年《きょうねん》」

過去帳などに亡くなった人の行年や享年を何歳と書きますが、『大漢和辞典』によると「行年」の項に「①とった年数。経過したよわい。②この世に生きながらえた年数。享年」とあり、「享年」の項には「天からうけた年数。寿齢。又、王朝の年数などにもいう」とあります。

『広辞苑』には「行年」は「享年に同じ」とあり、「享年」の項には「(天から享《う》けた年の意)死んだ者がこの世に生きていた年数。死んだ時の年齢。行年」とあります。

『広説仏教語大辞典』には「行年」の項に「「こうねん」ともよむ。現在の年齢」

とあります。

以上のように、「行年」「享年」のいずれを用いても良いが、本願寺派では「行年」を使用することが多いようであります。

但し、その年齢は戦後にできた満年齢の数え方ではなく、古来からの数えの年齢を記載することとなっています。

尚、満年齢から数えの年齢への換算方法は、死亡日が亡くなった人のその年の誕生日を過ぎていたら、満年齢に一歳を足し、誕生日前なら二歳を足せば数えの年齢となります。

源空聖人の尊称表記

源空聖人の尊称については、以前は「上人」と表記していましたが、本願寺派では平成十八年（二〇〇六）に「聖人」で統一することになりました。

これは、同年八月三〇日の総局公室発の公文書「源空（法然）聖人の尊称表記について（通知）」で、１．表記方法として、「源空（法然）聖人の尊称は、「聖人」と表記する」とあり、２．その理由として「宗祖親鸞聖人のご著作では、源空（法然）聖人の尊称は必ず「聖人」の字をもって記され、「上人」の尊称は使用されておられない。また本山総御堂に奉懸されている源空聖人御絵像には、「黒谷源空聖人」と記載されており、このたび発布頂いた『親鸞聖人七五〇回大遠忌についてのご消息』においても「源空聖人」とお示しいただいているため」とあります。

又当時ご門主でありました即如上人の京都宗教記者会との記者会見での記事を見ますと「宗門では伝統的に「聖人」は親鸞聖人のみに用いることになっているとされていますが、ご門主様は今回ご発布された「消息」では、親鸞聖人の師の法然上人を「源空聖人」と表記されました。これには宗門内のご住職方に戸惑いもあるようですが」との問いに対して、ご門主は「総御堂内に奉掛されている法然上人様の御影に「黒谷源空聖人」と書かれています。この御影が老朽化したので先ごろ新調することになり、その際に専門の学者に意見を求めましたところ「従来のように『聖人』とするのがよい」との結論に至り、それに従って「消息」では「源空聖人」と書かせていただきました。本山の御影にそう書かれておりますからには、私は「消息」であれ何であっても、それに従うということで、今回、特に意識して改めたということではありません」と答えておられます。

（注、当時は、御影堂が修復中であったため、阿弥陀堂を総御堂と呼称していました）

尚、その当時の教学研究所の見解の一部を記載しておきます。「源空上人の単独の御影が盛んに製作されだしたのは蓮如上人の時からで、今日現存するものによると、像容は薄墨の衣に薄墨の袈裟を付けて繧繝縁《うんげんべり》上畳の三狭間礼盤上に左斜めに向かって座る源空上人像で、上部の讃名は『選択集』の結勧の文である「当知、浄土之教、叩時機而当行運也、念仏之行、感水月而得昇降也」であり、像の左（向かって右）に「黒谷源空聖人」と名銘が記されている。（中略）このたび新調される「源空（法然）上人御影」については、浄土真宗の礼拝対象としての源空上人の単独御影を授与しはじめた蓮如宗主の例にならい、名銘を「黒谷源空聖人」、讃銘を「当知、浄土之教、叩時機而当行運也、念仏之行、感水月而得昇降也」とするのがふさわしいと思われる」とあります。

「香房《こうぼう》」の名称

本山両堂の間に新築された式務部の建物を「香房」と呼称しますが、香房については、『広辞苑』には「本願寺で、出仕僧の控え所。香部屋」とあり、『日本国語大辞典』の「香部屋」の項には「本願寺で、出仕の僧が控えている部屋。香房」とあります。

又、『考信録』にも「本山の役僧集会する處《ところ》を。香部屋とも。香房とも称す。これ梵刹を。香刹・香閣・香台等と呼べるに准ぜるならん。（中略）香刹等の名は。もと梵土より始まるとみえたり。且又《かつまた》仏書仏具などと。都て仮初にも。仏の字を付て呼ぶことは。梵土の儀には相違にや」とあります。

『仏教大辞彙』の「香房」の項にも「仏殿若しくは仏殿に付属せる小堂にして供奉僧の住する所をいう。梵語健陀倶知の訳名にして香室《こうしつ》・香積《こうしゃく》・香庫院《こうくいん》又は香部屋ともいう」とあります。

以上のことから「香房」と名付けられましたが、明治時代の本願寺の古い図面を見ますと、両堂間の同じ場所に「香房」の名称の建物があり、従って新しく命名したのではなく、以前にあった名称を復活したものであります。

山号の意味と龍谷山

『仏教大辞彙』の「山号」の項には「寺院の名称に冠する別号。例せば恵日山東福寺・吉祥山永平寺・三縁山増上寺・黄檗山万福寺・東叡山寛永寺等の如し。而《しこう》して其所在地が山上なると平野なるとを問わず山号を設くるものにして或は地名に依りて之を選定し、或は別に雅淳なる名称を付す。（中略）我国にて此の如く各寺院に山号を付するは後世の習俗にして法隆寺・東大寺等の如き南都の古刹にありては未《いま》だ曾《かつ》て斯《し》かる山号を称したることなし。平安朝の初に当り最澄・空海の如き高徳出でて何れも山上の地を以て修道に適すとなし、大衆を将《ひき》いて比叡山・高野山を開きしより山上に伽藍を設くるもの漸次《ぜんじ》其数を増すに至れり。支那に在りても山上に寺刹を設くること古くより行われ、衡山・廬山・峨嵋山・崇山・五台山の如き何れも人の知る所なり。而して唐宋の頃禅宗盛んなるに及び、著名なる禅刹は多く山中に在りて禅の五大刹の如きも之を単に五山と称したり。此等山上の諸寺は通常其所在地たる山名をも併称せらるるより、一般に之に模して寺名に冠するに山号を以てするに至りしが如し。我国にて天台・真言等の諸宗に属する寺院が山上に設けられし事例少からずと雖《いえども》、山号の起源は支那禅刹の影響に由るもの多きことは、初、鎌倉時代の禅刹に於て之を用い、後、漸次他に及べるにて推察し得べし」とあります。

又『仏教語大辞典』の「山号」の項にも「寺名に冠する称号。もと山に寺が建ち、所在を示す意味で山号をつけた（天台山国清寺・五台山清涼寺）が、日本の飛鳥・天平時代は平地に建ったため山号はなかった。天台・真言の寺は山岳に建てられた。平安末期の嵯峨清涼寺が五台山と名づけられ、鎌倉時代には禅宗が五山の制にもとづいて山号をつけ、その後は平地の寺にも山号を用いた」とあります。

山号・寺号・院号について『考信録』には「寺に山号・寺号・院号の三を称すること。支竺には是なしと見ゆ。山寺などは。別に山号を称するも妨げなし。王城聚楽の寺に何の山号ということあらん。本山祖山等は沿襲の称にして一例にあらず。名実不相応に非ずや。山号は尚恕《ど》すべし。寺号。院号を併用こと。其謂《いわ》れなし。叡山などに傚顰《こうひん》せるものか。吾門の諸寺にはこの陋《ろう》なし。案ずるに寺と院との別は。なお宮と殿との如くなるべし。寺は総なり。院は別なり。中夏五台山の華厳寺に善住閣院・洞東院・華厳院等あるが如し。又叡山延暦寺に止観院・宝幢院・楞厳院の三塔あるが如き。知ぬべし。寺に二名を立るには非ず。強て弁ずるをまたぬ事也」とあります。

又、本願寺の山号である「龍谷山」については、『考信録』には「大谷山を龍谷山と唱うるは。元禄十五年（一七〇二）壬午九月。信解院宗主の命たるところなり。考に巃の字を開て二字とせるならん。栂《つが》を木母と言い。松を十八公と言うが如し。（中略）大谷を巃と言うゆえに。龍谷と分つまでなり。一説に。大谷の西に聾谷あり。聾を易て龍とするなりとは。誣罔《ぶもう》の言。弁ずるにたらず。（中略）大谷は知恩院の地にして。即ち塔頭崇泰院の後庭に。祖墳の旧趾いまに存せり。古え祖山祖墳共にここにありしゆえに。大谷本願寺と称す。その後祖山は所々に基を移すと雖《いえど》も。霊墳はここにありしが。慶長八年（一六〇三）癸卯十月。今の鳥部山に移されしより。大谷の称ついにこの山に帰せり。家康将軍以来。歴世の御朱印にも。みな大谷道場とあり。また吾門の盛化をしるにたれるものか」とあります。

『大谷本願寺通紀』にも「龍谷山額　寂宗主親筆。元禄十五年（一七〇二）九月二十六日。掛二之仏殿一」とあります。

従って、「〇〇山」とあるのは山号で、山号とは寺院の名称に冠する別号のことで、従来は古来中国において山上にお寺が設けられたことから、その山上の諸寺の所在地にあたる山名を別号としたものであります。

時代を経るとともに、日本でも鎌倉時代あたりから用いられるようになり、しだいに山上の寺院だけでなく、平地の寺院にも用いられるようになりました。

従って本願寺でも「龍谷山」と言う山号を用いていますが、最初は宗祖親鸞聖人の遺骨を納めた場所が鳥邊野の北のほとりの大谷という所であったので、「大谷山」と称していたものを、元禄十五年（一七〇二）に第十四代寂如上人が大谷を「䆿《おおたに》」と言うゆえに、「䆿」の文字を開いて「龍」と「谷」の二字とし、山号を「大谷山」から「龍谷山」とされ、「龍谷山本願寺」と称するようになり、現在にいたっています。

尚、宗門法規の上では、平成二十年（二〇〇八）二月の宗会の議決により寺法細則として「本願寺の山号は、「龍谷山」とする」と定められました。

宗祖親鸞聖人の示寂にかかる表記

平成十九年（二〇〇七）十二月四日に出された「宗祖親鸞聖人の示寂にかかる表記について」の本山の公文書によると、「宗祖親鸞聖人の示寂にかかる表記について、このたび親鸞聖人七五〇回大遠忌に向けて、各種出版物や印刷物における表記の整合性等を勘案し、下記の通りといたします。

1．表記方法

宗祖親鸞聖人の示寂については、原則として次の通り表記する。

（1）弘長二年十一月二十八日

（2）一二六三年一月十六日

（3）弘長二年十一月二十八日（一二六三年一月十六日）

（4）一二六三年一月十六日（弘長二年十一月二十八日）

尚、年号のみを表記する場合も上記に準じるものとする。

2．理由

宗祖親鸞聖人の示寂日である「弘長二年十一月二十八日」について、「弘長二年」を国際歴で表記する場合、そのほとんどの期間が一二六二年に該当するため、歴史学上は「一二六二年」と表記することが通例であり誤りではない。しかしながら、宗祖親鸞聖人が示寂された「弘長二年十一月二十八日」は「一二六二年」に含まれず「一二六三年一月十六日」に該当する。ついては、宗祖親鸞聖人の示寂の年を国際歴で表現する場合は、宗派として整合性をはかるため「一二六三年」に定めるものとする。」

（以上横書きの公文書を縦書き漢数字に置き換えました）

とあり、又、その際に参考資料として出された当時の本願寺史料研究所千葉乗隆所長による見解にも誕生と示寂の日について明治時代に新暦を用いた際に「この時印刷され、全国に配布されたと考えれる「祖師祥忌告諭書」巻末には、親鸞聖人誕生の「承安三年（一一七三）癸巳四月朔日《ついたち》」を「紀元一千八百三十三年第五月廿一日」（紀元一千八百三十三年を新暦（国際暦）で表記すると一一七三年となる）、示寂の「弘長二年壬戌十一月廿八日」を「紀元千九百二十三年一月十六日」（紀元千九百二十三年を新暦（国際歴）で表記すると一二六三年となる）と記している。（中略）歴史学では、旧暦と新暦を対比させる場合、一月一日に改暦したように新暦（国際歴）年を表記するのが通例であり、親鸞聖人の示寂年、弘長二年は、新暦（国際歴）では一二六二年と表記されるが、月日を厳密に対比させると、十一月二十八日は、翌年の一月十六日となるので、弘長二年十一月二十八日は新暦（国際歴）表記した場合は一二六三年一月十六日となるので、弘長二年十一月二十八日は新暦（国際暦）表記した場合、一二六三年一月十六日となる。したがって、親鸞聖人示寂日は、弘長二年十一月二十八日あるいは、一二六三年一月十六日、弘長二年十一月二十八日（一二六三年一月十六日）と表記し、年号のみを表記する場合は一二六三年と表記するのが妥当であると思われる」とあります。

以上のように、以前は西暦では「一二六二年」と表記していましたが、平成十九年（二〇〇七）十二月以来、「一二六三年」と表記するように統一し、各種出版物や印刷物を改訂すると共に、各種指導に当たってもこのように徹底されるようになりました。

「食事のことば」の変遷

旧来の「食事のことば」は天台宗のものの影響もあるもので、

食前のことば

吾今幸に仏祖の加護と衆生の恩恵とによりこの美《うるわ》しき食を饗《う》く。

つ、しみて食の来由《らいゆ》を尋ねて味の濃淡を問わじ。

つ、しみて食の功徳を念じて品の多少を選ばじ。「戴《いただ》きます」

食後のことば

吾今この美しき食を終りて心ゆたかに力身《ちからみ》に充《み》つ。

願わくはこの身心《しんしん》を捧げておのが業《わざ》にいそしみ、誓って四恩に酬《むく》い奉らん。

「御馳走《ごちそう》さま」


でありました。

昭和三十三年（一九五八）に「食事のことば」が改められ、

食前のことば

み仏と、みなさまのおかげにより、この御馳走を恵まれました。

(同音) 深くご恩を喜び、ありがたくいただきます。

食後のことば

【語　句　の　部】

尊いおめぐみにより、おいしくいただきました。

（同音）おかげで、御馳走さまでした。

となりました。

さらに平成二十二年（二〇一〇）から新「食事のことば」が実施され、

食前のことば

多くのいのちと、みなさまのおかげにより、

このごちそうをめぐまれました。

（同音）深くご恩を喜び、ありがたくいただきます。

食後のことば

尊いおめぐみをおいしくいただき、

ますます御恩報謝につとめます。

（同音）おかげで、ごちそうさまでした。

と変わりました。

変更の際出された、新「食事のことば」解説の「はじめに」で新「食事のことば」の制定についての文章には「このたび宗門より、新しい「食事のことば」が制定されました。新しい「食事のことば」を提案する理由は、現代日本の食を取り巻く環境、ならびに食に対する意識を勘案したこと、また従来の「食事のことば」が現代人の感覚から誤解を招きそうな危惧があることなどによります。けれども従来の「食事のことば」は、すでに宗門内で定着しておりますし、決してそこに大きな問題があるというわけではありません。そのため従来からの変更は最低限度にして、唱和部分は変わっていません」と記されています。

新発意とは

『仏教大辞彙』の「新発意」（しんほつい）の項には「初て菩提心を起せる者を言う。（中略）我国にては古来新に剃髪せるものを入道又は新発意と称するとあり。多田満仲を多田新発意と称し、又和田新発意など其例なり。荻生徂徠の南留別志に沙弥戒を受けたる沙弥と称するが如く菩薩戒を受けたるを新発意と称するならんとせり。一説に是れ当時相公の入道せらる、ありし故に入道の称を避けて新発意と称せるなりと言えり。近代真宗等にては弱齢の僧にすら此称を用い、シンポチと呼べり」とあります。

又『大漢和辞典』の「新発意」（しんぼち・しぼち）の項には「あらたに菩提を求める意を発した人。在家・出家に通じていう。後、あらたに仏門に入ったものの称。今道心。我が国では四位以下の者の出家をいう。発意は上求菩薩・下化衆生の大心を起すこと。発心」とあります。

さらに『広辞苑』の「新発意」（しんぼち・しんぼっち）の項には「（シンホツイの連声《れんじょう》）発心《ほっしん》して新たに仏門に入った者。出家して間のない者。今道心。初発心。小僧。しんぼち。しぼち」とあります。

ここで言う連声とは、前の音節の末尾の子音が、後の音節の頭母音と合して、別個の音節を形成することを言い、「新発意」の「新発」は「しんほつ」が「しんぼつ」

となり、「発意」は「ほつい」が「ほっち」となり、以上合わせて「しんぼっち」となりますが、それを略して「しんぼち」「しぼち」と呼ぶ場合もあります。

僧綱の意味

『仏教大辞彙』の僧綱の項には「僧尼の非違を検校し諸寺の雑事を勘知する職。また僧官とも云う。僧は僧尼、綱は綱維の義にして全国の僧尼を統領し教法の維持を務とするより此称あり（中略）【日本】始めて僧綱を置きたるは推古天皇の三十二年にして百済国の沙門観勒を僧正、鞍部徳積を僧都、阿曇連某を法頭とし、以て僧尼の検校に従わしむ（中略）文武天皇の朝《ちょう》に至り律令の制定と共に全国の僧尼をして治部省玄番寮に隷せしめ、また僧綱の選任に関する規定を設け、僧綱は衆徒の推挙によりて之を勅任すべく、その法最も厳重にして、徳行よく徒衆を化し、道俗欽仰し、法務を綱侍するに足るものを推挙し、徒衆之に連署して太政官に牒すべきものとせり（中略）此種の風習は江戸時代の末葉に至るまで行われしが、明治維新と共に之を廃し、各宗にて任意に之を私称するは別に禁止せざることとなれり」とあります。

これを受けて明治時代以降の僧綱は現在の『法式規範』には「僧綱とは、重要なる親修法要に際して門主・前門（新門）に随従する者をいい、次の事項を行う」としてその第一番目に「法要に際して門主または前門（新門）に事故が生じた場合は、その代理をつとめる」とあります。

これに関して『龍谷閑話』の僧綱の項には「報恩講法要において、門主に随従する人は、晨朝は別として逮夜、日中には、侍僧ではなくて僧綱である。元来、僧綱とは高位の僧官の職名であって、全国の僧尼を統督した中央官職とでもいうべきであったが、維新後は各宗で任意に用い、本派では導師に不時の故障が起ったときに、代理をする人という意味で任ぜられる職としてあり、侍僧と同じように門主に随従するための人ではない（中略）本派において、僧綱が出るようになったのは、いつ頃からかは明白でない。報恩講の記事に、始めて僧綱の文字が見えるのは明治十六年（一八八三）度で、その以前は侍僧随従となっているから、或はこの時が最初であるかも知れない

（中略）二十二年（一八八九）度の報恩講以後は、毎年執行級の人が僧綱に任ずるという辞令を受けて出勤し、これが今につづく慣例となっているが、現今のように毎座僧綱がつくのではなくて、初めは十六日一座だけであり、二十四年（一八九一）に新門の華籠を賦す都合があるから、両日僧綱入用と記されているが、十五、十六の両日僧綱入用の意味であろう（中略）僧綱は現在のように単に随従して入堂するばかりではなくて、昔は両門の華籠の賦撤も僧綱が行った」とあります。

以上のように、僧綱と侍僧は共に門主などにつき従いますが、以前の『法式規範』には「僧綱が随従して入堂する場合は、侍僧は入堂せず後堂で控える」とありましたが、僧綱と侍僧とはその職務内容が異なるので、現在の『法式規範』ではその一文を削除しました。

大師号のこと

『仏教大辞彙』の「大師号」の項には「朝廷より有徳の僧に賜る称号。大師先徳明匠記に依るに「大師の号を得る人は人師・国宝の二徳を具せざればこれあるべからざる事なり、人師とは国王の師となるを言うなり、国宝とは内証外用具足したる人世に出づれば其国自ら豊饒《ほうじょう》安泰なり、故に国宝と言うなり、（中略）瑜伽論に言く略して大師に五種の内徳あり、一に諸の戒行に於て終に誤るなし、二に善く五法を建立す、三に善く諸学を制す、四に善立善制中に於て所疑惑等に随い、皆能く善制す、五に教授して出離せしむ」と言えり。この人師・国宝の名目は摩訶止観巻五に據《よ》れるなり。支那にては唐の高宗永徽年中慧威・智威等を封じて四大師朝散大夫とし、（中略）我国にては清和天皇の貞観八年（八六六）七月詔して最澄に対して伝教大師、円仁に対して慈覚大師を謚《おく》られしを始めとし、其後空海・円珍等亦《また》此例に倣《なら》えり。是等を四大師と称す。現今に至るまで大師号を謚られたるは総計二十人にして後の二者を除きて之を十八大師と称す」とあります。

大師号と言えば、御大師さんと言われるように真言宗の開祖空海の「弘法大師」が有名でありますが、浄土真宗では宗祖親鸞聖人が明治九年（一八七六）に「見真大師」

の大師号を、第八代蓮如上人が明治十五年（一八八二）に「慧燈大師」の大師号をそれぞれ賜っています。

「見真」については、仏説無量寿経の中に仏の眼を現した「五眼讃」の中の「慧眼見真」から取られたもので、親鸞聖人は真実を見られたと言うことから名づけられました。

『本願寺史』に「見真大師」の大師号について「宗祖親鸞に対する大師号の宣下は、早く江戸時代にも問題とされたことがあるが、事情あって実現しなかったが、明治九年（一八七六）十一月二十八日見真大師の諡号《しごう》が宣下《せんげ》された。宗祖滅後六百十四年に当っている。（中略）当時宗主は北陸巡化中であったので、本誓院（日野沢依）が宣旨《せんじ》を奉供して十二月二十一日着山あり、奉迎式ならびに奉告式が修された。なお、翌十年（一八七七）五月十日から十六日まで七日間、堂内の荘厳等報恩講に準じた諡号法会が厳修された。宣旨の保管は内命によって東西両本願寺が交替でこれに当ることとし、当年十二月三十一日までは大谷派本願寺、翌年一月一日から六月三十日までは本派で保管し、半箇年交替と定められた。諡号宣下の後、十二年（一八七九）九月にいたり勅額《ちょくがく》が下賜された。（中略）十月二十一日宗主は勅額奉迎のため滋賀県高宮まで赴《おもむ》き、二十三日帰山、翌日改めて三条蹴上まで奉迎し、勅額を供奉して帰山した。この勅額は槇村京都府知事等拝観に来山したこともあるが、翌年四月十五日から三十日間、鴻之間において門末一般に拝観せしめた」とあります。

尚、「見真」と「慧燈」の両大師号は、『本願寺史』にもありますように東西両本願寺において交互に保管されていました。近年では毎年四月一日から一年間づつ交互に保管することとなり、毎年四月一日に「宣旨奉送迎《せんじほうそうげい》」と称して昭和五十八年（一九八三）までは両大師号の交換が行われていましたが、現在は両大師号とも本願寺派で保管されています。「宣旨奉送迎」に際しては、その使者が年に一度だけ開門された勅《ちょく》使門《しもん》（唐門）から出入りしました。

又、法然（源空）聖人の大師号は、元禄十年（一六九七）に最初の大師号として「円光大師」が贈られましたが、宝永八年（一七一一）の五〇〇回忌にも「東漸大師」が贈られ、以降五十年ごとに贈られる習わしとなり、宝暦十一年（一七六一）には「慧成」、文化八年（一八一一）には「弘覚」、万延二年（一八六一）には「慈教」、明治四十四年（一九一一）には「明照」、昭和三十六年（一九六一）には「和順」、平成二十三年（二〇一一）には「法爾」がそれぞれ贈られています。以上のように今までに八つの大師号が贈られていますが、定期的に贈られているのは法然聖人だけであります。

逮夜の語源

『仏教大辞彙』の「大夜《たいや》」の項に「葬儀の前夜を云う。後世に至り多く年忌・月忌の前夜のことに此語を用う。また迨夜・逮夜・宿夜・伴夜とも称す。大は一たび往いて復た来らざるに名づくるものにして除夜のことを大晦日《おおみそか》と云い、女の婚嫁を大帰と云うが如し。仍《よ》りて大鑑清規にも「入滅の第三日に荼毘《だび》す、先ず第二日の晩と夜とは此時を大夜と名づく、大夜の義とは謂《いわ》く只此一夜のみ留り明日出で、帰らざるなり、故に慇懃に供養す、小師圍繞して終夜寝ねず、名づけて伴夜とも曰《い》う。唯金剛経を誦して磬を鳴らす」と云えり。勅修清規巻三、遷化の条に「主喪の人を拝請して大夜に対靈小参す」と云えり。迨夜・逮夜は明日の荼毘に迨るの夜と云える義なり。後世は忌日・法会等の前晩を一般に大夜と云い習わせるも是れ誤にして荼毘の大夜より転化せるものなり」とあります。

又『真宗帯佩記』に「問曰。日没・初夜・中夜・後夜・晨朝・日中を六時とす。今の世に晨朝・日中・初夜の三時は礼讃の六時の中の名なり。いま逮夜と名て。未尅《みのこく》（午後二時頃）につとむるは六時の中には何んぞや。又未尅につとむるを逮夜と名るこというかし。答曰。これ時世の変を知されば人多く推量の鑿説をなす。逮夜と云は六時の中の日没なり。作法次第（実悟記）曰。日没も昔は七つ時（午後四時）うちありしこと本式なり。日の没する時の声明なり。しかるを永正七八年（一五一〇、一一）の時分より八つ時（午後二時）になりたり。さ候うあいだ末寺にも八つ時になりたることなり。大坂殿にも永正十八年（一五二一）辺八つ時にこれあり。」又曰。逮夜と申もむかしは七つ時過半時（午後五時）なり。六つ時（午後六時）以後ありたることなり。実悟の御時も大略六つ時打、二十七日・二十四日の逮夜ありつることに候。普請の時をそく七つ時鐘打候えば、普請衆のあがり候とて逮夜をはやくさせられ八つ時になり申候いき。普請衆大略逮夜の鐘候とて逮夜を八つ時にさせられ候て、普請のあがりの鐘を七つ時辺につかせられ候て、八つ時にありつることなり。逮夜は夜本とみえ候なり。善導和尚行事の時分に候なり。」これによるに本と日没にして六時の鐘打てつとめ玉うゆえに、逮夜と名く。普請のありし時逮夜をひきあげて八つ時にありしが例となりて逮夜は大略八つ時になりたるなり。その時によりては七つ半時、或は六つうちてありしこと、みゆ。六時の中には日没なることを知ぬべし。日中も礼讃に午時《うまのとき》（正午）当て礼す」とあれば、午時なれども前へ引あげて辰尅《たつのこく》（午前八時）過てつとめ玉うとみえたり」とあります。

従って逮夜は、以前は大夜と書き、本来は葬儀の前夜をさしたものが転化したものであり、逮夜と書いて日中法要の前日の法要を言うようになり、その時刻も本来は日没勤行の午後六時と夜であったものが午後二時となり、日中法要も本来の正午から引き上げて午前十時となったことが分かります。

大太鼓《だだいこ》のこと

雅楽に用いる太鼓については『日本音楽大辞典』の「楽太鼓」の項には「語義は「雅楽の太鼓」だが、次のように各種の用語法がある。（一）雅楽用の太鼓の総称（鞨鼓《かっこ》、三の鼓《つづみ》を除く）。すなわち大太鼓、釣太鼓《つりだいこ》のほか現在でもまれに荷太鼓《にないだいこ》が用いられ、昔は船楽《ふながく》用の太鼓もあった。（二）前記のうち釣太鼓だけを指す場合も多い（以下略）」とあり、釣太鼓は普段の雅楽の演奏で用い、荷太鼓は庭儀など歩行しながら雅楽を演奏する時に用いられます。

『日本音楽大辞典』の「大太鼓」の項には「鼉太鼓《だだいこ》とも書き、枠の外側に火焔《かえん》形に彫った装飾があるために「火焔太鼓」ともいう。非常に大きく、舞楽に用いる。釣太鼓とは、管弦と舞楽の違いこそあれ合奏での役割は同じであり、ともに「太鼓」の略称でも呼ばれるが、構造原理は異なって締《しめ》太鼓である。「楽家録」によれば、胴長は直径よりやや長いが、現在の形は直径より短い。（中略）舞台正面から見て、向かって左が左方、右が右方の大太鼓である。両者は構造や寸法は同じであるが、模様や装飾は多少相違する。たとえば革面の文様が左方は三つ巴、右方は二つ巴、また火焔形装飾も、左方は竜、右方は鳳凰、その上方にのびる棹《さお》の先の円形装飾も、左方が金色の日輪、右方は銀色の月輪である」とあります。

『雅楽鑑賞』の「大太鼓」の項にも「舞楽に用いる太鼓で鼓胴の周囲に火焔（火のもえている模様）が刻んであるので火焔太鼓ともいう。大太鼓の大きさには、きまった寸法はなく、特に鼓面の大きさはまちまちである。大阪の四天王寺のものは直径二・四八メートルもあり、宮内庁楽部のは一・八五メートルである。鋲太鼓の皮が鋲《びょう》で胴に固定されているのに反して、大太鼓の二つの鼓面は鞨鼓のように鉄の輪に牛の皮を張り調孔にとおした調《しらべ》綱《づな》で鼓胴を間にはさんで強くしめつけている」とあります。

又、『仏教大辞彙』の「鼉太鼓」の項には「舞楽に用うる大形の太鼓を云う。また大太鼓とし、火焔の装飾あるにより火焔太鼓とも云う。鼉は鱷《がく》の一種にして長さ二丈余あり、その皮を採りて鼓を作りたることありしより此種の名称を附せるならん。然《しか》るに後世は専ら牛皮を以て張れるが如く」とあります。

「月次」「日次」の読み

『広辞苑』の「つきなみ」の項には「【月並・月次】①毎月。月ごと。例月。②平凡なこと。陳腐なこと。ありきたり。③月ごとにあること。④月齢《げつれい》」とありますが、「げつじ」の項にも「【月次】①月の天空における位置。②毎月。つきなみ」ともあります。

同じく『広辞苑』の「ひなみ」の項には「【日並・日次】①日記などに記す日の次第。日々の記録。②日ごとにすること。③日のよしあし。ひがら」とあり、「にちじ」の項にも「【日次】日どり。ひなみ」とあります。

又、『大漢和辞典』では「月次」の項には「ゲツジ　①つきのやどり。月の天空に於ける位置。②ツキナミ　㋑毎月。つきづき。㋺下野国の地名」とあり、「月並」の項には「ツキナミ　月次に同じ。①月毎。おのおのの月。②つきやく。月経。③月並発句の略。其の思想が卑俗陳套《ひぞくちんとう》なのを嘲《あざけ》っていう。④物事の陳套で俗気の多いのを嘲っていう言葉。⑤ツキナラビ　月がつづく。今月、来月と打ちつづくこと」とあります。

同じく『大漢和辞典』の「日次」の項には「ニチジ　①ひなみ。又、日のやどり。②ヒナミ　出雲国の地名」とあり、「日並」の項には「ヒナミ　日次。①毎日。②日の順序。日々の次第。③日のよしあし。日のぐあひ。日がら」とあります。

毎日のお勤めを『法式規範』では、「日次勤行」と書いて、「にちじごんぎょう」と読んでいますが、毎月勤める宗祖の月の命日の法要などを「月次」と書いて「つきなみ」と言っています。

法号・諱号《きごう》・謚号《しごう》

「法号」とは、歴代門主の「〇〇上人」のこと（現門主は専如上人）でありますが、『広辞苑』の「法号」の項には「①受戒の時に師から授けられる称号。②死者のおくり名。戒名。法名」とあり、歴代門主の場合はこの①と②の法名にあたり、『仏教語大辞典』には「法諱《ほうき》」の項に「出家してのいみ名。仏者としての実名。受戒の後に授けられるものであるから戒名ともいう。↓法名」とあり、これも同義であります。

又、『仏教大辞彙』の「法名」の項には「入道者に付与する名称。又法諱・法号・戒名とも云う。僧侶は得度式を終れる時に之を附与し、在俗者は授戒又帰敬式と共に之を授け、生存中に之を受けざる者は死亡の時旦那寺《だんなでら》に請《こ》うて之を受くるを例とす。法名は出家の儀を表するものなれば釋何々又は釋何々尼とするを例とし、或は其下に居士・信士・大姉・信女・童子・童女などの文字を加うることあり。室町時代よりは著名な人に限り何々院殿釋何々と称し、院号法名を連記することあり」とあります。

「諱号」とは、「諱〇〇」のことで、「諱《き》」については、『広辞苑』の「諱《いみな》」の項には「①死後にいう生前の実名。②後に、貴人の実名を敬っていう。③死後に尊んでつけた称号。諡《おくりな》「のちのいみな」とも」とあり、『大漢和辞典』には「①いむ。㋑にくみきらう。㋺さける。㋩かくす。㋥おそれる。㋭死者の名をさける。②いみ。人に秘するところ。③いみな。実名。死者の生前の名。生前には名といい、死後には諱という。人が死ねば諡と称して、生前の名を呼ぶことをいむからいう」とあり、現門主の光淳は『広辞苑』②の「貴人の実名を敬っていう」及び『大漢和辞典』③の「実名」の意味にあたります。

尚、「諱」の文字は、誤って「い（ヰ）」とも読むことがあります。

「諡号」とは、『広辞苑』には「生前の行いを尊び死後に贈られる称号。おくりな」とあり、諡《おくりな》（贈り名）のことで、人の死後に、その徳をたたえて贈る称号で、後《のち》の諱《いみな》のことであり、第二十三代勝如上人の「諡信誓院」がそれにあたります。

尚、諡号については、本書の「歴代宗主の影像と諡号」の項も参照されたい。

法中《ほっちゅう》・法類など

『広辞苑』の「法中《ほっちゅう》」の項には「僧侶の仲間。ほうじゅう」とあり、『日本国語大辞典』の「法中《ほうじゅう》」の項には「仏語。多くの僧侶の称。僧侶の仲間。僧侶の社会。ほっちゅう」とあり、『真宗大辞典』の「法中《ほうちう》」の項には「多くの僧侶を総称して法中と云う。法体中の略、即ち法衣を着用せる者中の意義なるべし」とあります。

「法体」については『広辞苑』には「①一切の存在の本体。②浄土門で名号・念仏をいう。③俗体に対して、仏門に入り剃髪・染衣した姿。僧体」とあり、ここでは③の意味であり、『仏教大辞彙』には「①諸法の体性のこと。②浄土門にて所信所行の名号、又は念仏を云う。③法衣を着用せるを云う」とあり、これも③の意味であります。

次に「法類」とは『真宗大辞典』に「法の親類の意。また法眷とも称する。法系を同うする人々を法類と云う。（中略）又隣接する同宗同派の寺院にして平素相互に扶《たす》くべき関係あるものを寺法類と云う」とあります。

参考文献

参考文献よりの引用は、判読を容易にする為、できるだけ現代語に改め、ルビも付し、漢字も主に新漢字を用い、年号については、西暦も併記した

◆古文献

『大谷本願寺通紀』慶証寺玄智著　国書刊行会（真宗全書第六十八巻）天明五年（一七八五）脱稿
『考信録』慶証寺玄智著　国書刊行会（真宗全書第六十四巻）安永三年（一七七四）著
『紫雲殿由縁記』金寶寺明専集録・明沼増修　国書刊行会（真宗全書第七十巻）寛永十五年（一六三八）集録
『實悟記』（本願寺作法之次第）実悟著　大八木興文堂（真宗聖教全書三　列祖部）天正八年（一五八〇）著
『實如上人闍維中陰録』實孝記　国書刊行会（真宗全書第六十四巻）大永五年（一五二五）記
『浄土真宗教典志』慶証寺玄智著　国書刊行会（真宗全書第七十四巻）安永五年（一七七六）編

『真宗假名聖教闕典録』　琢成集記　国書刊行会（真宗全書第四十八巻）　天保三年（一八三二）記
『真宗故実伝来鈔』　願楽寺浄恵撰　同朋舎（真宗史料集成第九巻）　明和二年（一七六五）成稿
『真宗帯佩記』　恵琳著　同朋舎（真宗史料集成第九巻）　明和元年（一七六四）著
『祖門舊事記』　慶証寺玄智著　国書刊行会（真宗全書第六十四巻）　天明三年（一七八三）作
『法流故実条々秘録』　西光寺祐俊編著　同朋舎（真宗史料集成第九巻）　寛文九年（一六六九）編
『蓮能御往生記』　實孝記　国書刊行会（真宗全書第六十四巻）　永正十五年（一五一八）記

◆近代

『真俗仏事編』　子登著　出雲寺文次郎　明治二十二年（一八八九）新刻
『媒腮餘芳』　護持會財団編輯　真宗本願寺派護持會財団　昭和二年（一九二七）発行
『法式紀要』　本派本願寺編輯兼発行　本派本願寺蔵版　昭和九年（一九三四）発行
『法式と其故實』　松村秀賢著　弘文館　昭和十年（一九三五）発行
『明如上人伝』　明如上人伝記編纂所編纂　明如上人廿五回忌臨時法要事務所　昭和二年（一九二七）発行

『明如上人日記抄』柱本瑞俊編纂　本願寺室内部　昭和二年（一九二七）発行

◆現代

『雅楽鑑賞』押田良久著　文憲堂　平成九年（一九九七）改訂二版
『袈裟史』井筒雅風著　雄山閣出版　昭和五十二年（一九七七）第三版発行
『勤式作法の書』弘中純道著　永田文昌堂　昭和二十七年（一九五二）発行
『建法幢』豊原大成編　本願寺津村別院　平成十七年（二〇〇五）発行
『小経正信偈読み方の研究』弘中純道著　永田文昌堂　昭和五十四年（一九七九）発行
『浄土真宗聖典』（原典版）真宗聖典編纂委員会編纂　本願寺出版社　昭和六十年（一九八五）発行
『浄土真宗聖典』（註釈版　第二版）教学伝道研究センター編纂　本願寺出版社　平成十六年（二〇〇四）発行
『浄土真宗聖典　七祖篇』（註釈版）教学伝道研究センター編纂　本願寺出版社　平成八年（一九九六）発行
『浄土真宗伝承唱読音概説』福永静哉著　永田文昌堂　平成九年（一九九七）発行
『浄土真宗本願寺派　宗門法規』宗務所所務部　平成二十四年（二〇一二）発行
『浄土真宗本願寺派　葬儀規範』勤式指導所編集　本願寺出版社　平成二十一年（二〇〇九）発行

参考文献

『浄土真宗本願寺派　葬儀規範　解説』本願寺仏教音楽・儀礼研究所編集
本願寺出版社　平成二十二年（二〇一〇）発行
『浄土真宗本願寺派　葬儀規範勤式集』勤式指導所編集
本願寺出版部　昭和六十一年（一九八六）発行
『浄土真宗本願寺派の荘厳全書』豊原大成・千葉乗隆・梯實圓監修
四季社　平成七年（一九九五）発行
『浄土真宗本願寺派　法式規範』（第三版）浄土真宗本願寺派勤式指導所編集
本願寺出版社　平成二十五年（二〇一三）発行
『声明譜並解説』播磨照浩
あそか書林　昭和五十四年（一九七九）発行
『真宗儀礼の今昔』浄土真宗教学研究所儀礼論研究特設部会編集
永田文昌堂　平成十三年（二〇〇一）発行
『真宗事物の解説』西原芳俊著
ピタカ　昭和五十三年（一九七八）改訂
『真宗の葬儀』基幹運動本部事務局編
本願寺出版社　平成十二年（二〇〇〇）発行
『葬儀・中陰勤行聖典』豊原大成編
聞真会　平成十六年（二〇〇四）発行
『葬儀についての一考察』岡崎諒観著
永田文昌堂　昭和五十九年（一九八四）発行
『仏教音楽　梵音のひびきにおもう』山崎昭寿著
仏教音楽研究所　平成八年（一九九六）発行

『仏教法具図鑑』有賀要延編著　国書刊行会　平成五年（一九九三）発行
『仏事の心得』岡崎諒観著　本願寺出版部　昭和五十四年（一九七九）発行
『法衣史』井筒雅風著　雄山閣出版　昭和五十二年（一九七七）増補改訂
『本願寺年表』本願寺史料研究所編　浄土真宗本願寺派　昭和五十六年（一九八一）発行
『本願寺の葬制』佐々木孝正著
大谷大学大谷学会（大谷學報第四十九巻第三号）昭和四十五年（一九七〇）発行
『本願寺派勤式の源流』武田英昭著　本願寺出版部　昭和五十七年（一九八二）発行
『本願寺派声明考』松下忠文著　祐西寺圓音会　昭和五十二年（一九七七）発行
『本願寺風物誌』経谷芳隆著　永田文昌堂　昭和三十二年（一九五七）発行
『有職故実研究』石村貞吉著　学術文献普及会　昭和三十一年（一九五六）発行
『龍谷閑話』大谷光明著　本派本願寺内事部　昭和二十八年（一九五三）発行
『わが国における往生（六時）礼讃声明の歴史的展開と現状』岩田宗一著
山喜房仏書林発行（善導大師研究所収）昭和五十五年（一九八〇）発行

◆辞典
『岩波仏教辞典』中村元他著　岩波書店　平成元年（一九八九）発行
『音楽大辞典』平凡社　昭和五十八年（一九八三）発行
『広辞苑』（第六巻）新村出編　岩波書店　平成二十年（二〇〇八）発行

『広説佛教語大辞典』中村元著　東京書籍株式会社　平成十三年（二〇〇一）発行
『国史大辞典』　吉川弘文館　平成九年（一九九七）発行
『浄土真宗辞典』浄土真宗本願寺派総合研究所編纂　本願寺出版社　平成二十五年（二〇一三）発行
『浄土真宗用語大辞典』稲城選恵著　教育新潮社　平成十三年（二〇〇一）発行
『声明辞典』（声明大系特別付録）横道萬里雄・片岡義道監修　法蔵館　昭和五十九年（一九八四）発行
『真宗大辞典』岡村周薩編纂　永田文昌堂　昭和四十七年（一九七二）改訂
『図説佛教語大辞典』中村元編著　東京書籍株式会社　昭和六十三年（一九八八）発行
『大漢和辞典』諸橋轍次編集　大修館書店　昭和三十五年（一九六〇）発行
『日本音楽大辞典』　平凡社　平成元年（一九八九）発行
『日本国語大辞典』　小学館　昭和四十七年（一九七二）発行
『仏教音楽辞典』　法蔵館　平成七年（一九九五）発行
『仏教語大辞典』中村元著　東京書籍株式会社　昭和五十年（一九七五）発行
『仏教大辞彙』龍谷大学編纂　富山房　大正八年（一九一九）編
『仏具大辞典』岡崎譲治監修　鎌倉新書　昭和五十七年（一九八二）発行

あとがき

昭和四十八年（一九七三）四月に勤式指導所に練習生として入所したのが勤式作法を学び始めた最初でありました。翌年に御堂衆の一員として勤めさせて頂いたのが、第二十三代勝如上人の御門主の時代でありました。その後昭和五十二年（一九七七）に法統を継承された第二十四代即如上人の時代も式務部で勤めさせていただきました。次いで得度習礼・教師教修所の指導員などを経て、平成十六年（二〇〇四）勤式指導所の主任を拝命し、その主任の間に第二十五代専如上人が御門主となられ、三代にわたる御門主のもとで勤式作法に携わらせていただいたことは誠に有難いことであると思っております。

その約四十年の間はもとより、特に平成十六年（二〇〇四）より勤式指導所主任として在職中に、勤式指導所や教師教修における法式故実その他の講義の為に調べたも

あとがき

のや、本山各部署及び全国各地の僧侶・門信徒からの質問などに答えるべく、先輩諸氏のご助言や各種文献や辞典などの資料を捜したものはかなりの量となりました。

そこで、同じ勤式作法を志す後進の方々の為にも、同じ苦労を少しでも緩和できればと思い、主に文献の引用を中心として、その資料をまとめてみようと考えました。

平成二十六年（二〇一四）宗務所を定年退職して以来、漸く少し時間のゆとりができましたので、まとめる作業を始めましたが、まとめ始めてみるとかなりな量となり、時間も掛かり、漸くある程度まとまったものとすることができました。

浅薄な知識をもってまとめたものであり、選択した資料の抜け落ちや異論もあろうかと思いますが、今後諸賢のご意見を賜われば幸いであります。

尚、発刊にあたり、ご尽力くださいました滝口僧侶養成部長並びに杉浦勤式指導所長及び永田文昌堂などの方々に深謝申し上げます。

平成三十年（二〇一八）六月

〈な〉

〈は〉

〈ま〉

〈ら〉

〈わ〉

語句索引

〈あ〉

〈か〉

〈さ〉

著者紹介

堤　楽祐（つつみ ぎょうゆう）

昭和24年（1949）８月生まれ
昭和48年（1973）３月龍谷大学文学部卒業
昭和49年（1974）３月勤式指導所修了
昭和49年（1974）４月本願寺法務部（現式務部）奉職
得度習礼・教師教修所指導員を経て、高岡教区・東北教区教務所長を務める
平成16年（2004）８月勤式指導所主任
平成26年（2014）８月定年退職
名誉知堂・勤式指導所専任講師・得度習礼教師教修所講師・
中央仏教学院講師・前龍谷大学非常勤講師
滋賀教区愛知下組普門寺住職

勤式作法手引書

2018年６月15日　初　版第１刷発行
2025年２月１日　第２版第１刷発行

著　者　堤　楽　祐
発行者　永　田　唯　人
印刷所　㈱図書印刷 同　朋　舎
製本所　㈱吉　田　三　誠　堂
発行所　永　田　文　昌　堂
京都市下京区花屋町通西洞院西入
電　話　０７５（371）６６５１番
ＦＡＸ　０７５（351）９０３１番
振　替　０１０２０－４－９３６

ISBN978-4-8162-5829-9 C3015